[英]诺尔·贝灵/著
温静/译

瑜伽初体验

湖南科学技术出版社

瑜伽初体验

著　　者：〔英〕诺尔·贝灵
译　　者：温　静
责任编辑：郑　英
出版发行：湖南科学技术出版社
社　　址：长沙市湘雅路 280 号
http://www.hnstp.com
邮购联系：本社直销科 0731-4375808
印　　刷：深圳美嘉美印刷有限公司
（印装质量问题请直接与本厂联系）
厂　　址：深圳市罗湖区笋岗桃园路7号2楼
邮　　编：518023
出版日期：2003 年 11 月第 1 版 1 次
开　　本：787mm × 1092mm 1/16
印　　张：6
书　　号：ISBN 7-5357-3836-2/G · 497
定　　价：28.00 元

免责声明

目　录

“瑜伽”一词出自梵语，其含义为“合一”、“和谐”。瑜伽是使身体、心灵与精神和谐统一的一种运动方式。

瑜伽也指个体与更宏大的某种事物之间的合一，这种事物可以称为具有神性或灵性的存在。但是瑜伽并不宣扬某种宗教，它是一个通过提升意识帮助人类充分发挥潜能的体系。瑜伽姿势运用古老而易于掌握的技巧，改善人们生理、心理、情感和精神方面的能力。

第1章 瑜伽简介

瑜伽体系

瑜伽被视为一种科学，也是一种运动方法。它是一种有着多个分支的体系，各个分支都有其侧重点，有各自的规则和伦理道德规范（包括普遍伦理规范和个人行为规范）。瑜伽是印度哲学家帕坦伽利制定并系统化的。本书所提到的一些内容在帕坦伽利所著的《瑜伽经》中有记录，这些内容采用了格言的表现形式，一共有185条，据说该书写于公元前400～公元前200年，至今人们仍将其视为瑜伽的经典著作。

数千年来，心理、生理和精神上的戒律已经成为印度文化中的一个重要组成部分。古代的瑜伽信徒发展了瑜伽体系，因为他们深信通过运动身体和调控呼吸，完全可以控制心智和情感，保持身体长久的健康。

圣贤从冥想中得到领悟，并通过口头方式来传授瑜伽哲学，这使得最原始的瑜伽保留着某种神秘色彩。最早关于瑜伽的记载大约是1500年前的一本名为《吠陀经》的印度经文合集。然而，考古学家在印度河流域发掘到一件保存完好的陶器，上面描画着练习瑜伽冥想的人物形象，这件陶器距今至少已有5000年的历史了，可见瑜伽历史可以追溯到更久远的年代。

19世纪90年代在美国芝加哥的一次博览会上，一位名叫维夫卡南达的印度圣人展示了各种瑜伽姿势，首次向西方介绍了瑜伽并引起了西方世界的浓烈兴趣。此后若干年里，许多瑜伽信徒和斯瓦米们（即印度教哲人）从印度来到西方。今天，瑜伽可说是风靡全世界。瑜伽姿势以多种方式融入体育文化，既可以是有氧运动，伸展运动和力量型运动，还可与舞蹈、体操和运动热身动作相结合。

瑜伽的每个分支用各自不同的侧重方式来达到个人灵魂和宇宙灵魂或体内灵量——即宏大的人体潜能之间的和谐统一。这些分支的思想是要使人们从练习中受益。本书以介绍瑜伽分支中的哈他瑜伽为主，同时也介绍了另一分支王瑜伽（控制思想的一种瑜伽）的冥想法。

上图 这幅18世纪的小型树胶水彩画描绘了一个特别能放松四肢的姿势，身体柔韧的印度人习惯双腿盘坐于地面上。

哈他瑜伽

哈他瑜伽通过把感官、身体与有意识的呼吸相配合来实现对身体的控制。哈他瑜伽是瑜伽中实用性较强的一个分支，是运用姿势、呼吸和放松技巧的训练体系，这已经为西方所熟知。这些技巧不但对肌肉和骨骼的锻炼有益，也能使神经系统、内分泌腺体和重要器官的功能得到加强，通过激发人体潜在能量来促进身体健康。

“哈他”（hatha）是一个复合词：“哈”指的是“日”，“他”指的是“月”。“哈他”的含义是统一或者二元性的平衡，表现在很多方面如：男和女，日和夜，明和暗，动和静，冷和热，阴和阳以及任何既对立又平衡的事物。

具体来说，“哈他”在瑜伽中的意思是使身体两侧达到动态平衡的状态，即稳定和运动之间的状态。要达到这一状态可以通过增强身体两侧及内部的力量和灵活性来实现，让身体功能更有效率。同时，哈他瑜伽还平衡大脑左右两个半球，使具有逻辑、数学能力的左脑和具有创新、直觉能力的右脑能和谐运转。

有人认为哈他瑜伽能为练习王瑜伽做好身体和思想上的准备。王瑜伽是加强自我意识的一种练习方法，但是哈他瑜伽也能对身体和精神产生一定的影响。

许多瑜伽姿势传入西方后已经有所简化，因为许多西方人都不习惯原来的练习姿势。比如说，在西方，人们一般习惯坐在椅子上，而在印度，人们习惯于盘腿坐或蹲在地上。印度的孩子年幼的时候就开始学习瑜伽，训练身体的柔韧性。

基于这样的原因，要完成难度较大的姿势往往需要花费几年的时间。因此练习瑜伽的过程中有必要逐步加大训练的难度。现代生活的紧张和压力使肌肉僵硬，身体不够灵活，这样也加大了练习的难度，影响人体内在能量的发挥。

哈他瑜伽内部的许多分支都遵循特定的规则，只是在教授和练习时稍有不同。王瑜伽通过练习达到心智合一，控制思想的目的。它包含的思想戒律能镇静心灵，提升意识。具体来说是先通过集中精神来增强敏锐的意识并进入冥想。然后，在超越了各种思想后，达到超意识的状态，更接近本能和智慧。

除了哈他瑜伽和王瑜伽以外，还有其他的分

上图　萨杜在梵文中指的是印度虔诚的苦行僧和精神哲学家们，他们练习瑜伽并希望借此达到涅槃的境界。

支，比如智瑜伽（通过学习经文和冥想来获取知识）、奉爱瑜伽（旨在爱和奉献）、行动瑜伽（强调行善，无私）、咒语瑜伽（通过口头或心里默念圣音，提升意识）以及灵量瑜伽（唤醒肚脐部位的潜在能量）。

瑜伽的健康观念

瑜伽哲学认为良好的健康状况受多种因素的影响。这些因素包括有规律的姿势练习，正确的呼吸，充分的休息与放松，集中精力和镇静心灵的冥想，积极思考以及营养全面均衡的饮食等等。瑜伽是包含以上所有方面的体系之一。

安宁与幸福

瑜伽是保持身体长久健康，培养幸福感和满足感的体系。它鼓励个人的成长和发展，教我们如何激发身体内部的能量，从中获得健康安乐。真正的幸福不是买来的——是自身长期运动的结果。

根据瑜伽的哲学，人体的神经系统，内分泌腺体和主要器官的状况决定着一个人的健康等级。有规律的瑜伽练习有助于消除心理紧张，弥补由于疏忽身体健康或早衰造成的体能下降。因此练习瑜伽能保持活力，清醒思想。

增强意识

瑜伽是使你更加了解自身（包括身体内部和外部）的一种方式，包含伸展和力量练习，促进身体健康，协调整个机体的功能。每种瑜伽姿势都是针对人体的各个器官和组织结构来设计的。学习如何使身体健康运转的同时也增加了身体的活力。此外，培养心理平静和情感稳定的状态也引导你改善自身的生理、感情、心理和精神状态，使身体协调平衡，保持健康。

缓解和消除紧张

现代生活节奏快，竞争激烈，压力较大。当然，适度的压力也是必要的，因为压力可以激发兴趣，振奋精神，使人精力充沛。但是，如果这种压力超过我们所能承受的限度，身体就必然会感到紧张不适，自我免疫力下降，体力不支。有时其副作用还可能包括心理上的挫败感，肌肉紧张（如导致背部疼痛），疲惫不堪，呼吸短促，神志不清等。

首先，瑜伽能舒缓紧张，防止紧张症状进一步影响身体。柔韧性练习可以立即缓解和消除肌肉的紧张感。其次，在练习各个姿势时配合有控制的深呼吸有助于减轻紧张所引起的呼吸短促不律的状况。呼吸和感情是与心理状态紧密相连的，这样做

左图 这张树胶水彩画描绘的是一位文身的瑜伽练习者，他身上标明了脉轮（人体的能量中心）的位置。练习瑜伽姿势可以平衡这些能量中心，调节内分泌和神经中枢系统，加强免疫系统的功能。

可以使心情平静稳定。最后，深度的放松练习也能有效地抑制大脑的活动，从而消除紧张，使神志清醒。

哪些人能从瑜伽中受益

瑜伽适合于各个不同年龄阶段和健康水平的人练习。从练习者的实际情况出发，可以先从比较简单轻柔的练习开始，再进入难度较大的练习。定期的瑜伽练习还可以和其他的活动结合进行，比如健身操、针对心血管疾病的练习、体育运动和舞蹈等。

本书要点

- 介绍大部分瑜伽分支中常见的基本规则，不宣扬某一特定的瑜伽分支或宗教。
- 本书为初学者提供逐步的练习指导，练习姿势由易到难。
- 每种姿势都有多种变化形式，在灵活性和力量程度上有所不同，适合不同体质的人练习。
- 本书除了适合在瑜伽培训班使用外，也可以帮助练习者在家里安全地练习。本书有助于你熟悉相关的姿势名称和做法，提高练习的进度。
- 本书还提供了示范练习计划，有助于你单独练习或者作为姿势组合的示范练习。

瑜伽的梵文术语

梵文是一种古老的印欧语言，它与拉丁语、希腊语和波斯语都相关联。早期的印度人用梵文记载经文，也用它记载哲学和科学文本。

瑜伽传统的讲授方式是口头传授，而非书面传授。瑜伽的博大精深导致了其在传授中的不确定性。由于这个原因，世界上的各个瑜伽分支对瑜伽姿势的命名也有所不同。尽管这样，大多数瑜伽分支都遵循既定的基本规则，只是在教授和练习上稍有不同而已。

本书采用的姿势名称比较通用，以许多瑜伽教练的各种研究和教授方法为基础。

大多数瑜伽分支所遵循的基本规则是相同的。瑜伽的基本构成包括：姿势、呼吸、放松和冥想。这也是哈他瑜伽的组成部分。在练习一个瑜伽姿势时，有意识的呼吸有助于把不必要的紧张降低到最小限度，同时能够把练习者的注意力集中。有的瑜伽姿势要求在身体放松和积极意识这两种状态之间能够找到平衡，这点十分重要。瑜伽中的放松姿势练习有助于达到这种平衡。

第2章　瑜伽基本构成

定期的冥想练习是瑜伽的关键组成部分。冥想培养一种意识状态，将注意力全部集中到当前时刻——集中到练习动作时的细节和身体感觉上。哈他瑜伽可以让你较长时间地保持一种舒适的坐姿，以进入冥想状态。通过身体的协调来缓解过度的紧张，否则冥想的效果会受到影响。

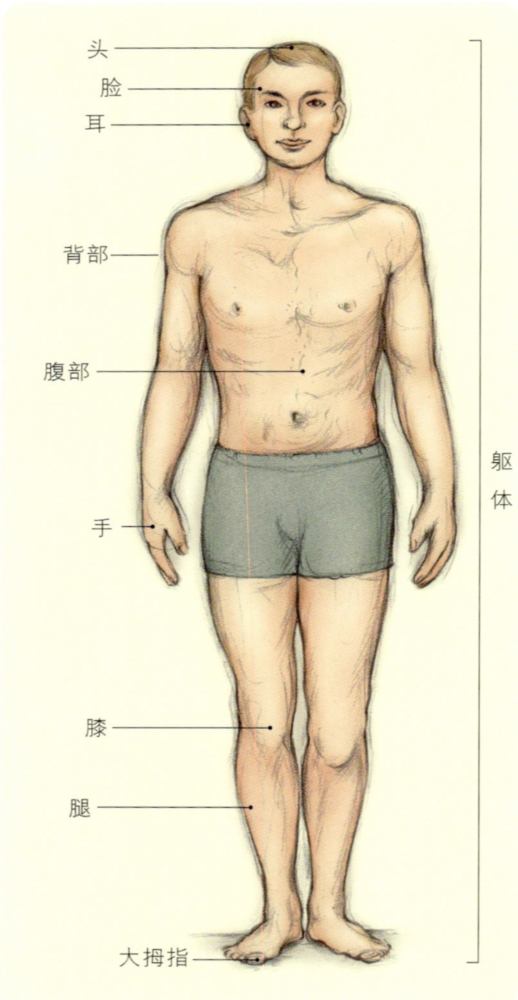

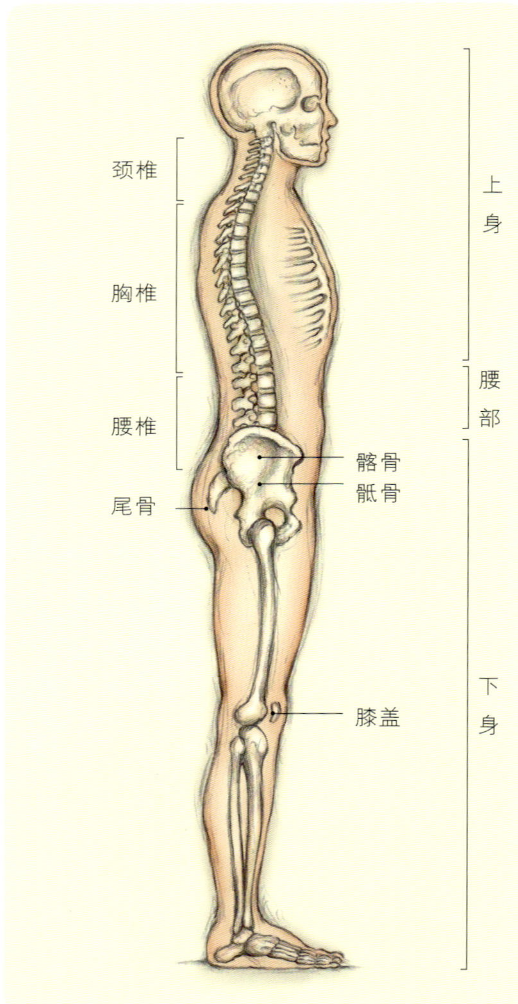

姿势

所有运动都要从练习姿势开始，姿势就是身体在瞬间保持的方式。肌肉由于要支撑直立的躯体会产生必要的紧张感，这时在放松与运动之间便会产生一种动态的平衡。一个正确的姿势有益于健康。

正确的姿势要求身体两侧是对称的，骨骼与肌肉之间的协调平衡也有助于形成正确的姿势，这包括腰部以上的部位向上伸展，上身和头部感到平衡轻松，同时两腿也会有脚踏实地的感觉，身体重心稳定平衡，呼吸自然舒缓有规律。

某种因生理缺陷造成的不平衡，如脊柱侧凸或两腿长度不一，练习时要尽量加强身体的平衡感和稳定感。

平衡姿势的好处很多，可以强化身体内部的意识，提高柔韧性，增加能量，使身体功能处于最佳状态，体内能量运行更加流畅自如，使人充满活力。放松呼吸法使姿势的练习更加轻松和顺畅。由于骨骼结构的稳定和协调，神经系统在这种稳定状态下也可以消除肌肉的过度紧张。

练习瑜伽可以提高平衡意识。练习不同的姿势（梵语中叫做“阿萨那”）可以舒展身体，增强身体的力量。一个自然健康的姿势有助于正确的练习瑜伽，加速练习的进程，提高练习的效率，同时也可以让身体不易受到损伤。

接下来要介绍基本的站姿与坐姿。在练习更为复杂的动作之前，这些姿势有助于协调和平衡身体。这些姿势可以独立练习，并逐步形成日常时的正确姿势。练习时，可以借助一面镜子，如能有同伴给你反馈意见更好，这样可以使你知道身体哪些部位还需要协调和对称。

上图 可以借助一把有靠背的椅子来做脊椎转动，转动时要保持脊椎的直立。连续数小时伏案或在电脑前工作的人练习这个姿势很有益处。

基本站姿

山立式

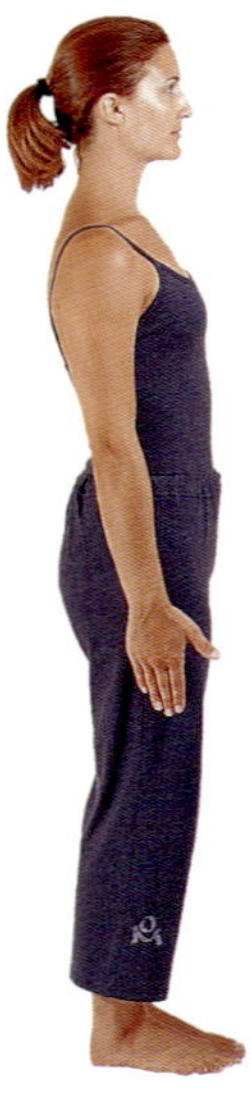

山立式既可以是站立姿势的预备动作，也可以单独成为一个练习姿势，还可以作为不对称立姿或平衡姿势的反姿势。山立式是一个稳定的姿势，让人产生一种力量感和稳定感——这是许多事物的重要基础。山立式常作为站立与平衡练习的起始姿势。

这一姿势可以检验你是否受到精神与想像力的影响而不能保持平衡。保持山立式时身体会有自然摇摆的倾向。控制好这种倾向以便集中注意力，加强意志，提升平衡。练习山立式时，感觉身体在慢慢长高，把注意力集中到这种感觉上，有助于身体的平衡。想象身体正被一根绳索吊着头顶往上拉。两眼凝视于一点也有助于平衡。如果两眼紧闭，会发觉要保持平衡比较难。山立式作为起始姿势使你在接下来的练习中保持身体的稳定。

双腿并拢站立，脚跟并拢，两脚大拇指靠拢，膝盖向上缩紧，两腿伸展。两腿靠紧以形成有力的支架来支撑身体。伸直脊椎和后颈部，下颚与地面平行。腹部特别是小腹部位向脊椎收缩，抬升横膈膜，加强对下背部和腰椎的伸展。

深吸气，扩张胸廓。呼气，腹部向脊椎收缩，两臂自然下垂，双手放在身体两侧。胸部和双肩舒展。感觉身体从脊柱中部向上拉伸，手臂和手指向下伸展。

基本坐姿

站姿练习涉及从头部到臀部的位置，练习坐姿也可以按照其要求。前两个基本坐姿如下：两臂自然垂放于两腿或两膝上。

腿的位置

a．取跪姿，坐在脚跟上。

b．盘腿坐在垫子上。

（背部挺直，臀部略高于膝部）

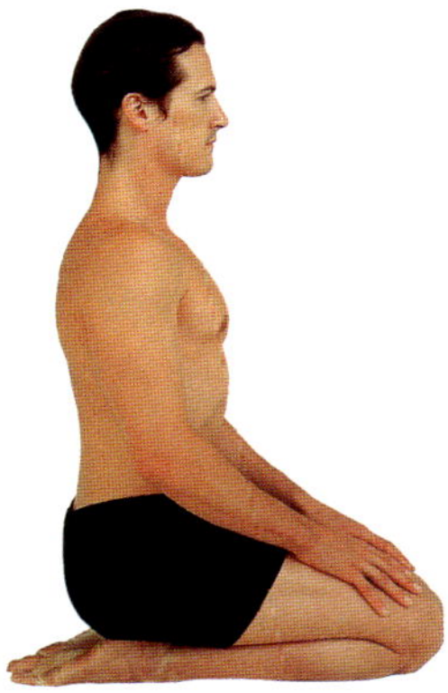

a

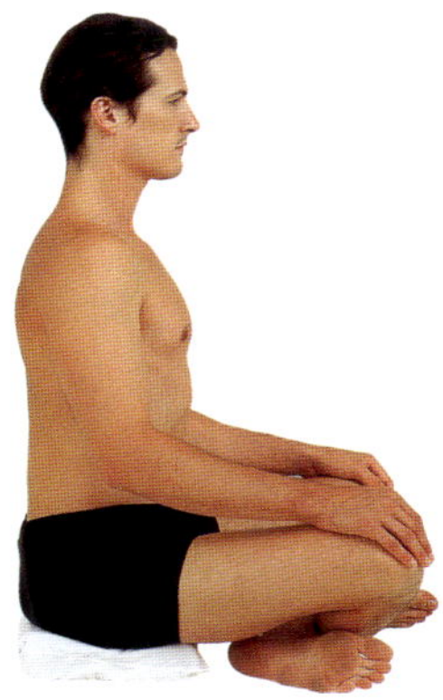

b

手杖式

这个坐姿可以作为前屈式坐姿的起始姿势，也可以单独作为一种姿势来练习。

两腿并拢，平直向前伸出，脚板立起，脚趾朝上，脚后跟向前伸直，加强双腿的拉伸感。膝盖向大腿内收缩。上身与双腿垂直，脊椎挺直。肚脐轻轻向脊椎收缩，呼吸在胸腔和上腹部进行。头颈与脊椎成直线，两眼前视。双肩放松，胸部舒展。手臂放在身体两侧，两手平放在地面上，手指向前与双腿平行。

呼吸

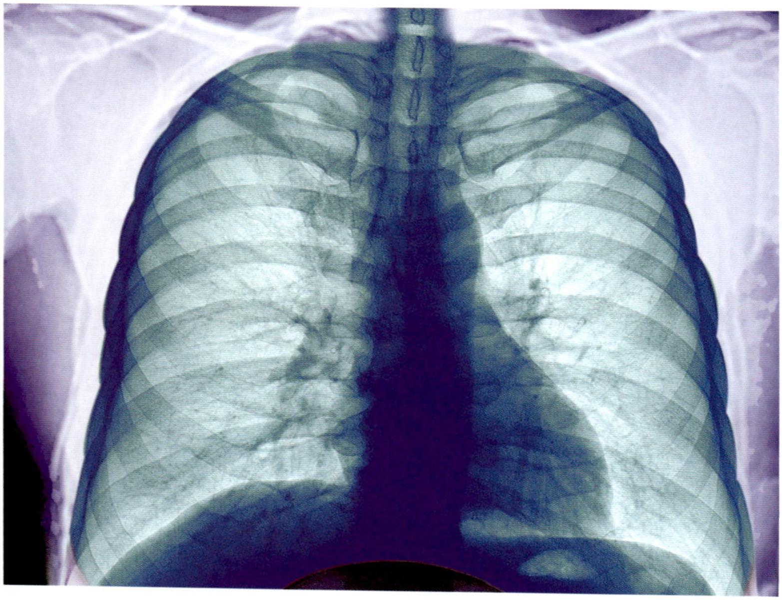

生命离不开呼吸这一不断交替的运动，呼吸直接影响生命的活力。呼吸习惯与呼吸方式既可以增加也可以减少人体的能量储备。

呼吸方式与我们的感情和心态有着本质的联系。比如，呼吸平稳而有控制就不会觉得焦躁不安。反过来，如果呼吸急促、快慢不均，心情则很难平静。有意识地控制呼吸可以抑制情绪的波动。其实，不管在什么情况下，都可以有意识地让自己的呼吸更均匀平稳和更深入一些。

瑜伽体系将呼吸作为一个基本的组成部分。有意识地控制呼吸可以与姿势练习结合起来，也可以单独进行。有意识的呼吸有助于动作的流畅，并能集中注意力。

瑜伽练习单单偏重呼吸的技巧指的就是梵文的普拉那亚玛（Pranayama）。“普拉那”（prana）是能量、生命力的意思。生命力赋予大自然里各种形式的生命体以能量。能量通过呼吸来吸收，渗透到人体的每个细胞，使细胞不断更新，恢复活力。人的健康与活力都要依赖所吸收的能量。“亚玛”（yama）的意思是延长。因此这个词的意思就是延长呼吸的艺术，通过呼吸加强生命力，增加能量。

延长呼吸可以镇定神经，集中思想，使心情平静，产生内心的宁静感。呼吸帮助并巩固瑜伽的姿势和冥想练习。要记住的是，虽然呼吸深入能够有效增加体内的能量，但这并不是说呼吸得越深越好。有的例子也表明换气过度是由呼吸急促引起的。瑜伽呼吸法的目的是通过有意识地控制呼吸来集中意念。

上图 瑜伽呼吸不同于一般呼吸，旨在增加肺活量。它是通过吸气扩张上腹部与胸腔，然后通过腹部肌肉运动更彻底地排除空气。仰卧，双手放在下腹部，体会这种不同的呼吸感觉。

练习瑜伽姿势时的呼吸指导

- 除非有特殊情况，一般用鼻呼吸，嘴唇微闭。鼻孔中的鼻毛在空气入肺之前可以过滤、加温和湿润空气。
- 每次吸气和呼气都要舒缓深入并均匀。
- 呼气时间比吸气时间稍长（若没有医学方面的禁忌），这样有利于放松，呼吸练习中常要用到这一点。
- 练习开始和结束时都要配合呼吸，动作之间的衔接也要配合呼吸。
- 呼吸的次数可以用来计算做某一姿势的时间，如做6次呼吸。
- 练习瑜伽的某套姿势如拜日式，若是想加快练习的速度，也要加速呼吸，但注意呼吸要配合动作之间的衔接。正确的姿势要求正确的呼吸，这样才能保证呼吸顺畅，使横膈膜尽量运动到最大限度。在一次完整的深呼吸过程中，横膈膜的上升和下降运动会刺激淋巴系统，起到去除体内毒素的作用，加强免疫系统的功能（淋巴结中和并过滤某些经肾脏排出的有害的有机物）。

要使横膈膜最大限度的运动，先吸气，将空气充满上腹部和胸腔，感受胸腔前后的鼓胀感。这种增大肺部容量的方法可以使肺吸入更多的空气。

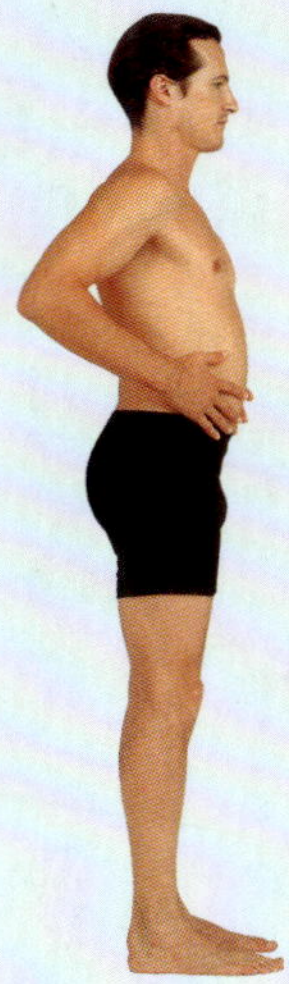

呼气，放松胸腔让肺部气体排出，呼气结束时收缩腹肌。腹肌收缩引起横膈膜向上运动，压迫肺部以排出更多的气体。

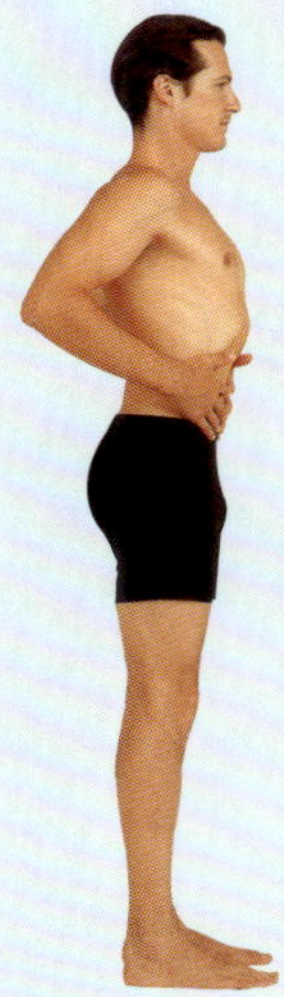

呼吸控制的艺术

- 用每种技巧练习呼吸的次数为6～20回合（一呼一吸为一个回合）。
- 除非另有说明，呼吸时可坐在舒适的位置或以尸卧式（见26页）躺下。
- 每次练习选取1～3种技巧。

局部型呼吸

局部型呼吸有助于增加肺活量，同时使身心平静。局部型呼吸可以作为全瑜伽式呼吸的前导。

吸气至肺下部

将手指平放在肚脐两侧，两手的肘关节落在地板上。呼吸3次，让手指感觉腹部的起伏。

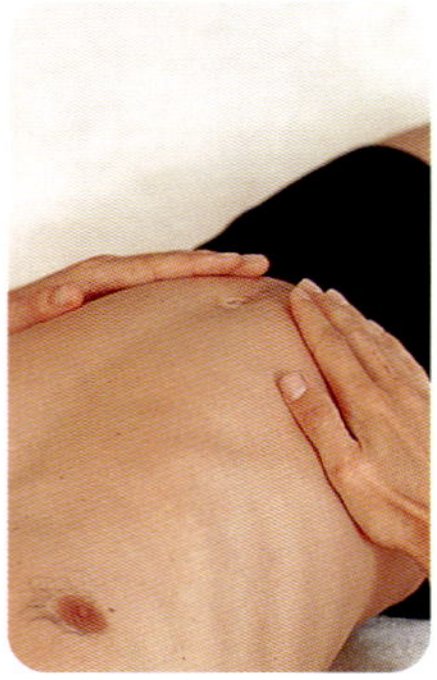

吸气至肺中部

将手指平放在胸腔两侧。呼吸3次，感觉吸气时胸腔向两旁扩张，呼气时放松。

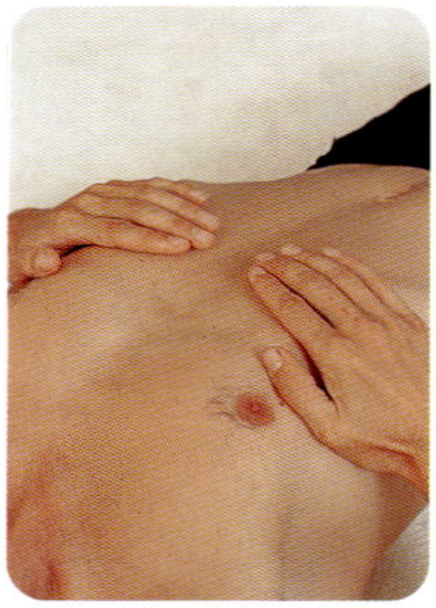

吸气至肺上部

将手指平放在锁骨下方。吸气时，感到胸部上方轻轻升起。两肩放松，不要抬升或拉紧双肩。

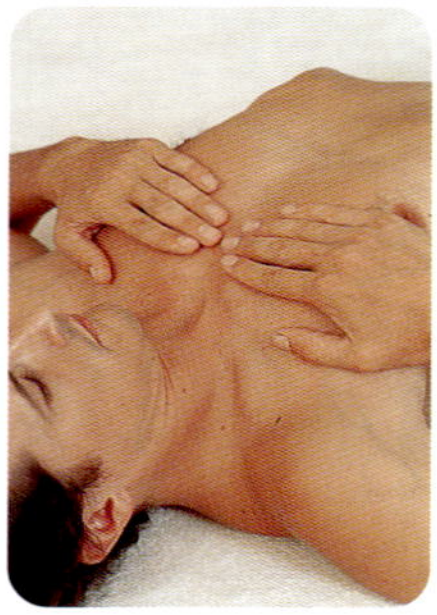

全瑜伽式呼吸

手臂平放于身体两侧，掌心向上或向下。吸气1次，先将空气吸入下腹部，然后到胸腔，最后进入胸部上方。呼气放松。

左下图　瑜伽呼吸可以与放松姿势（如尸卧式）有效结合起来。

喉呼吸

这是一种以镇定为目的的呼吸技巧，可用于局部型呼吸或用于保持某个姿势。这种呼吸方法可以增加肺活量（同时使血液中的氧含量增加）和身体能量，让人身心宁静。

部分地关闭喉管后部——会厌（它盖住气管），使你通过鼻子来呼吸。空气只能通过喉管的一条较窄的通道进入肺部，在喉咙处发出一种声音，就像处于沉睡状态时的鼾声一样。这个声音也好像是在呼吸时连串地发“呵”的音。

清凉式呼吸

有两种能产生清凉效果的呼吸，适合在热天采用。这两种方法能使神经系统镇定下来。特别是席他利呼吸法，可以减轻恶心和哮喘症状。

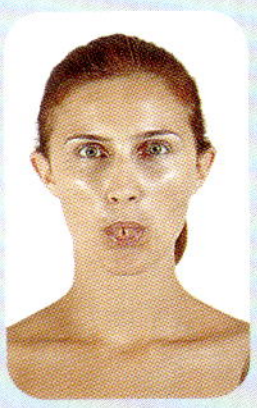

席他利呼吸

吸气，舌面向上卷起形成管状，然后舌头从唇间伸出来。抬起下颚，把舌头当作一根吸管吸气，可以感到空气通过舌头的清凉感。鼻子呼气，下颚稍微放低，舌尖收回，嘴唇闭合。

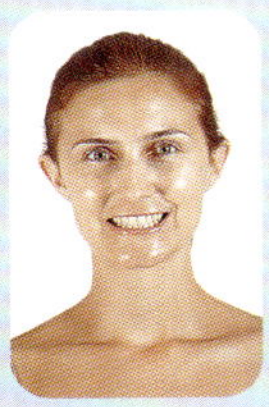

席卡利呼吸

轻轻松开下颚，上下齿稍分开。舌头放在口腔底部，唇角向后拉，就像是在微笑。呼吸时，空气通过齿间并经过舌面。吸气时感觉空气经过舌面时产生的清凉感。

注意 若不能将舌面卷起来，可以先练习席卡利呼吸。

蜂式呼吸

蜂式呼吸有助于清理与强化呼吸系统，还有利于发声器官产生共振。这种呼吸振奋精神，清醒头脑。

轻轻闭合嘴唇，深吸气，然后呼气并发出嗡嗡声。将呼气的过程尽可能地拉长一点，利用腹肌的运动控制呼气的平稳均匀。重复1次。

若要刺激肺部细胞，进一步产生声音共鸣，增添身体的活力，可以握拳或用一排手指轻轻拍打前胸，配合呼气时发出嗡嗡声的节奏。

如果你不适宜延长呼气时间，注意要保持呼吸的均匀。

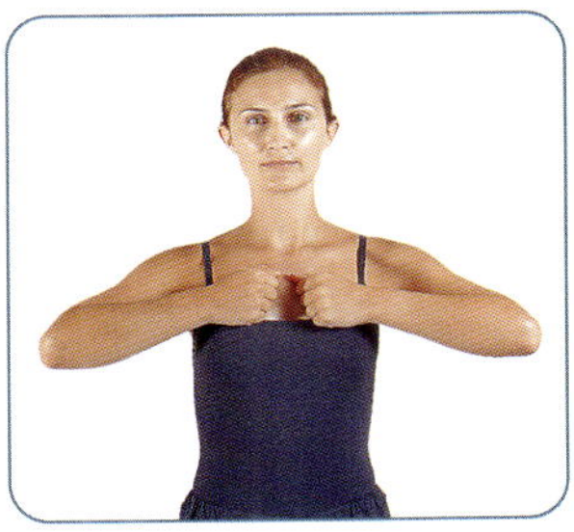

狮式呼吸

这一方法使脸部和双臂得到很好的舒展，有利于舒缓咽喉肿痛，对消除各种呼吸系统的疾患有好处。

身体坐在臀部上，背部挺直，手掌落在大腿上。深吸气，然后嘴张大呼气，舌头向外伸出，两眼向上注视眉心，手臂伸直，手指向外打开。保持这个姿势呼吸2～5次，体会喉咙后部呼吸的感觉。呼气，回到起始姿势。

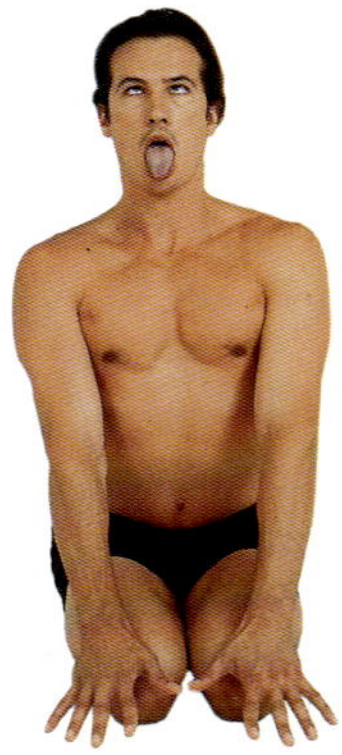

逆式呼吸

这一呼吸技巧可以平衡与协调大脑左右两个半球的功能，安神醒脑。呼气时间一般比吸气时间要长，便于废气和毒素的清理与排除。

举起右手，将食指和中指向掌心弯曲，拇指、无名指和小拇指伸直（如图1），将大拇指轻轻按下右鼻翼，左鼻孔吸气（如图2），然后松开手指，两个鼻孔呼气。

接着用无名指轻压左鼻翼，右鼻孔吸气（如图3）。然后松开，两个鼻孔呼气。重复动作。

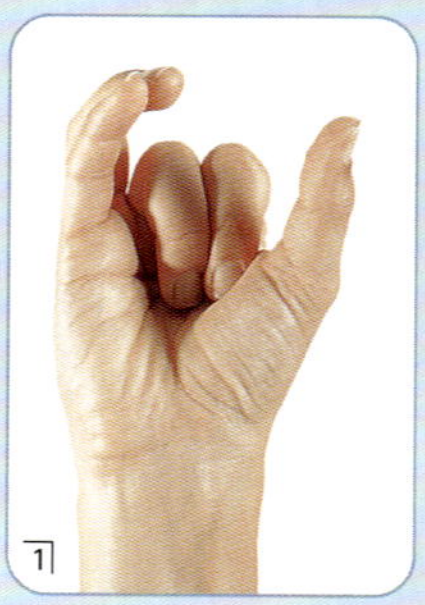
1

2

3

注意

- 初学呼吸法时，一定要在有经验的教练指导下进行。
- 练习呼吸法时如出现不适、眩晕以及恶心等症状，可用尸卧式或童式放松，并做几次正常的呼吸。如仍有不适，停止练习，听取相关症状的练习建议。
- 简单的呼吸技巧练习可作为整套练习的开始，有助于神志的清醒和注意力的集中。放松和冥想之前建议进行呼吸练习。

若有以下症状或疾病，则不宜练习呼吸法

- 患有偏头痛；
- 患有羊癫疯；
- 处于腹部手术后的恢复期；
- 身体不适，正在药疗期间或尚在病后恢复中；
- 患有低血糖，只进行简单的呼吸练习。

有下列情况的，要避免做深吸气

- 患有心脏病；
- 患有高血压。

有下列情况的，要避免做深呼气

- 患有低血压；
- 患有抑郁症。

放松姿势

只有在身体能够真正放松的时候，有效运动才能产生最大的能量，因此放松练习被视为控制和利用肌肉和神经潜能的一种方式。放松练习配合冥想练习（旨在平静思想，集中注意力）以及哈他瑜伽中的伸展和加强力量的姿势练习，可以释放出人体潜在蕴藏的能量。

要保持身体直立必然会产生一定程度的紧张感，但是为了保证动作的流畅和身体功能正常运转也需要适当的放松。大多数人都会有这样的体验，由于压力肌肉逐渐变得紧张而不能恢复到松弛平衡的状态。这样一来即便是很简单的动作也需要花费很大的力气才能完成。最后紧张感被人体所接受每天我们便不自觉处在这样的状态之中。紧张造成的影响包括：能量水平下降，灵活性降低，自由呼吸不畅和活动效率下降。紧张也会使人体更易受到损伤，对疾病的抵抗能力降低，产生易疲劳、失眠等问题。肌肉的过度紧张是逐渐产生的，特别是在这种紧张感积累了若干年以后。

瑜伽把放松练习作为一个基本的组成部分，因为有目的的放松有助于培养日常生活中平静的心理状态。

在瑜伽的练习中，放松姿势让身体吸收瑜伽动作中所释放的能量。保持某个姿势时，血液会集中流向某个特定的身体部位，因此要使血液重新循环至全身需要一段时间。同时这也让身体从每个动作中获得更多益处。放松练习可以在每次瑜伽练习之前、当中或之后进行。本书所讲的放松姿势是对称的，因此有利于保持身体平衡。每个姿势要保持3～8次呼吸或者更长。

左图 这个放松姿势对身体主要器官都有很大的益处，它使血液聚集到骶骨与腰部，为这些部位的器官提供营养。

尸卧式

这个姿势特别适合于一整套动作结束后来练习。

仰卧，两腿伸直稍分开，两脚自然地偏向外侧。两脚和两腿完全放松。双臂打开与躯干成45°，掌心向上。颈后部伸直，下颚微收，脊椎上部伸直。注意脊椎与腿成水平，身体左右两侧均衡放松。如果是在一套练习完成以后才做这个动作，可以保持这个动作5分钟，同时均匀地呼吸。练习结束时也不要让自己平静的状态受到干扰。舒展身体，深呼吸1次。然后身体滚向一侧，蜷成胎儿状，再慢慢地坐起来或站起来，动作要缓慢不要过于激烈。

童式

这个动作身体朝前屈伏，使整个脊椎得到放松。

坐于臀部上，两臂自然垂放在身体两侧。上身向前屈，前额着地。手臂仍置于身体两侧，手指贴近两脚并向后伸展，两肩在膝上方放松。

另一变化姿势是：握拳交叠，支起前额。若患有高血压、心脏病或者眼部疾病，头部必须保持在高于心脏的位置，比较适宜练习这个姿势。

如果是孕妇，可以将双膝分开以免挤压到腹部。

排气式

这个姿势中脊椎与地板是完全接触的，能对下背部起到很好的按摩作用，消除这个部位的紧张感。它可以轻柔地按摩腹部器官，有助于排除体内废气。

排气式可以作为背屈姿势和脊椎扭转的反姿势，起到放松镇静的作用。它也可以成为一个独立的姿势，既可动态也可静态练习。

静态姿势

仰卧，身体平直，下颚微收，颈后部伸直。下脊椎至尾骨的部位与地面接触。弯屈双腿，两手抱膝，肘向外张。

动态姿势

两手抱膝于胸前。吸气，双膝抬起，双手置于双膝上，双膝运动到手臂可以完全伸直的位置。呼气，收膝到腹部上方，重复做3～8次，体会这个动作对下背部的按摩感。

变化姿势

腿的位置可以改为以下：双膝分开，脚趾互相接触，这个姿势可以增加髋关节的灵活性与柔韧性。如果你是一位孕妇，可以选择这一姿势。

其他放松姿势

将折叠的毛毯靠墙放好，身体和臀部的一侧靠墙坐下。身体向后靠，转动髋部和臀部，可以用手来帮助你靠在墙上，然后仰卧下去，同时将两腿垂直立起，两手向头部上方伸出，平放于地板上。

这个姿势能够在练习完毕以后使双腿得到很好的放松，在练习完站姿后效果更为明显。这个姿势对于治疗腿部疾病如静脉曲张非常有益。

躺在垫子上，两臂向左右两侧打开，这样可以扩张胸部，加深呼吸。垫子可放在上背部或下背部的位置，感觉舒适即可。

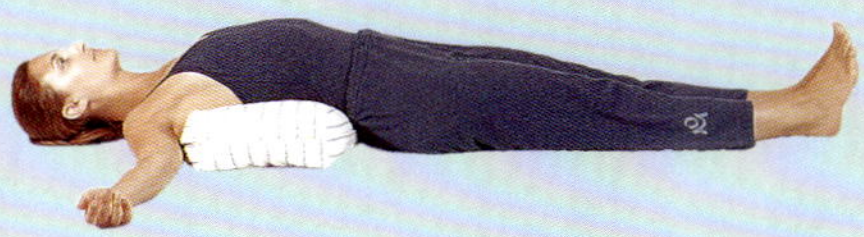

也可将垫子放在下背部或臀部下面，以加强腹部呼吸的意识。加深呼吸至髋部，使髋部屈肌得到舒展。在练习背屈姿势之前，先练习这个动作是有好处的。

注意 在背屈姿势做完以后，以尸卧式作为反姿势练习并进行几次呼吸，有利于放松。

平静思想

瑜伽的一个基本前提就是：用冷静清醒的方式来集中和保持当前的注意力，从而获得健康的意识状态。瑜伽是运用特殊的技巧来集中精神的一种方法。冥想是对自我、思想本质或高于自我的某种事物如上帝、宇宙意识或任何神灵的思考或反省。冥想虽然往往与某些宗教意识联系在一起，但在本书中冥想只用来平静思想，以达到更高的自知自制，提升意识形态。本书所列的冥想技巧并不在宣扬某种宗教。

为了从瑜伽练习中最大限度的受益，姿势和冥想练习都是必要的。所有的姿势、呼吸和放松方法都可以缓解过度的紧张，镇定神经，因此传统上哈他瑜伽被看做冥想的准备阶段。姿势练习和呼吸法也能集中精力，并训练自己把注意力集中在当前——这是冥想的最终目标。反过来，冥想又有助于哈他瑜伽的练习，因为冥想使神经系统镇静，这种平静的状态有助于各种姿势的练习。冥想使那些可能妨碍练习的紧张部位得到放松，控制了思想的游移，使你不会分散精力，真正地放松身心。

冥想技巧

进入冥想的途径不一。比如说，可以将注意力集中到一个事物，一个意念，一个字，甚至一句话上。要注意刚开始时，冥想并不是在于你可以保持思想清晰和集中的时间有多长，而是在于培养反复转移注意力到某个选定目标上的能力。思想分散游移是不可避免的，因为思维和感情不断变化会影响注意力的集中。一旦你发现自己走神，只需将注意力转回既定的焦点即可。随着你逐渐学会控制思想感情的起伏，注意力就慢慢不易被分散。在思想分散时，不要泄气，只要再重新集中注意力就可以了。

上图 佛教徒精通冥想的艺术，有规律的定期练习会觉得冥想越来越轻松简单。

坐姿

简易坐

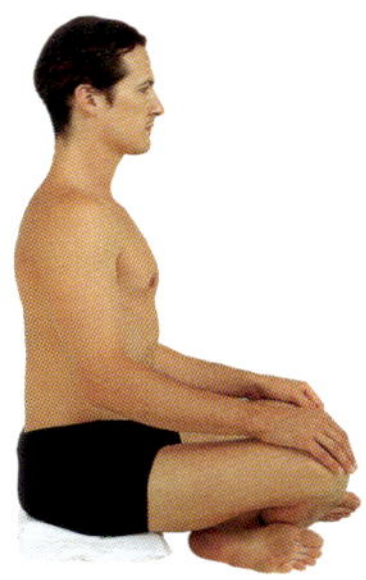

简易坐是一种舒适安逸的坐姿。你可以根据自己的需要来调整坐姿，比如可以两腿盘坐在垫子上。如果膝部有疾病，可以单腿或双腿向前伸直。

至善坐

从简易坐开始，双腿盘坐。将一只脚或脚踝抬到另一腿上，脚外侧压紧另一侧的腹股沟。如果你经常采用这一姿势，要注意更换两腿的位置，使双腿和髋部的柔韧性得到均衡的发展。

几点提示

- 一般情况下（除了莲花坐以外），建议练习时坐在垫子或折叠的毛毯上，以便使臀部略高于膝部，这样有助于伸直脊椎。
- 坐垫还可以放在地毯等比较柔软的东西上面，使膝、足部也感到舒适。
- 坐时要放松，但脊椎与颈部要伸直，下颚放低，微收入胸前。
- 确保姿势的稳定，感觉挺直的背部的力量感和身体前部的柔软感。
- 呼吸要自然。仔细观察呼吸，但不要改变它，体会空气进出鼻孔的感觉。同时观察躯干，吸气，感觉腹部和胸部轻轻扩张，呼气时放松。
- 嘴唇轻微闭合，舌尖抵住上颚，下颚放松。
- 若两眼睁开，将视线集中到一点，眼睛放松。
- 从5～10分钟冥想练习开始逐步培养入定的毅力，然后加长至20分钟。每天练习冥想20或30分钟，或者至少每星期3次，每次练习45分钟。

莲花坐

从简易坐开始，进入至善坐，然后抬起一条腿，脚外侧压紧另一侧腹股沟。抓住双脚，靠紧腹股沟，以保持平衡对称的坐姿。

下图 宁静美丽的环境是练习冥想的理想场所，特别适合于初学者。

手势的选择

正确的手势有助于集中体内的能量，使能量在一个闭合的线路中循环流动。开始时掌心向下把双手放在大腿或膝上，手肘和手臂放在身体两侧，双肩放松。

a. 双手放在大腿或膝上，掌心朝下。

b. 手掌朝上，弯曲食指与拇指构成一个环，这个叫手指契合式。

c. 右手掌托住左手掌，掌心朝上，两拇指相接于掌心上方。

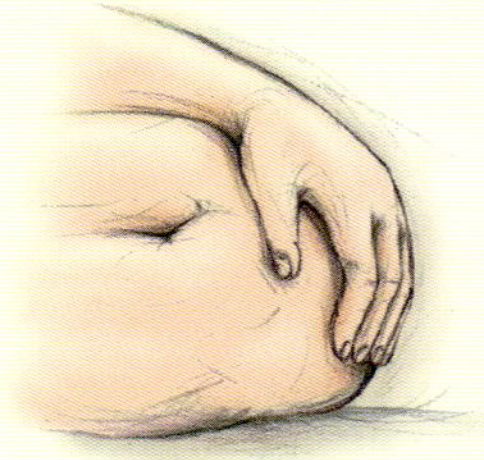

a

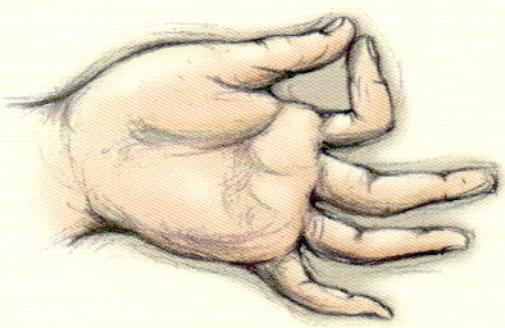

b

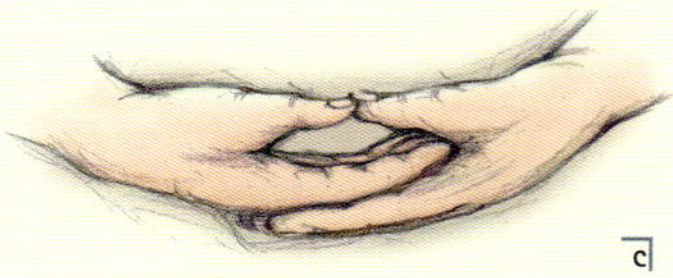

c

冥想技巧

这里介绍两种冥想技巧，可以帮助你把思想集中于当前时刻。如果你已经学会其他的冥想方法，可从中选择你认为效果最好的来练习。

注意力集中于呼吸

注意力集中于呼吸的方法就是仔细观察自然的呼吸过程，在任何情况下都不要改变呼吸的节奏。也可以把注意力集中在每一次呼气上。通过每次呼气来缓解紧张感，放松心情。特别是注意呼气结束与吸气开始之间的那一短暂间隙，眼睛张开或闭上。如果眼睛张开，可将视线落在身前几米的地面上，眼睛稍垂视，视点不要离身体太远。

右图 冥想时将注意力集中到某一物体上，这并不是要你观察该事物的细节，而只当它是个聚焦点，在意识到注意力分散时，将视线重新集中到这个物体上来。

注意力集中于某一物体

将一支点燃的蜡烛置于身前不远的地板上或者放在与视线等高的地方，把注意力集中在烛焰上。当注意力分散时，重新把注意力集中到烛焰上。也可以闭上眼睛，脑子里默想着烛焰的样子，直到它逐渐从脑海里消失。然后睁开眼睛，再一次凝视眼前的蜡烛。

这个方法还可以用于夫妇或者全家练习冥想。大家可以围成一圈坐下，眼睛都注视着同一支蜡烛。

如果不摆蜡烛，也可以用其他事物代替，如一支花或者是一块带条纹的石头。这件物体的外形与结构要尽量简单，不至于因为其精美的造型而分散注意力。它的作用是让你在走神时重新集中注意力。

在家练习瑜伽可以和跟老师学习瑜伽相互补充，因为参加练习班可以从经验丰富的老师那儿获得指导与监督。

如果你是一个人单独练习，那就要注意不要超越个人的生理极限，动作要柔和。如果在练习后总是觉得疲惫不堪，那说明你运动过度了，要注意练习的态度和方法。

第3章　在家练习瑜伽

在家练习瑜伽的准备工作

练习场所

在室内或户外均可练习瑜伽，但某些因素仍应予以考虑。要选择一个清洁宽敞的场地，练习站姿和卧姿时能自由地伸展四肢。如果有必要，可以移开室内的家具。练习场所要尽量整洁安静，地面结实平整。

如在室内练习，室温要适中。如在室外，要当心阳光暴晒和其他恶劣天气因素。

练习时段

持之以恒的练习才能获得最好的效果。因此，要制定一个固定的练习计划。你可以选择在自己较喜欢的时段里来练习。早晨练习可以预先为一天的生活打好基调，让思想和身体处于准备状态，并且能放松肌肉。晚上练习可以松弛一天的压力，消除紧张感。

个人准备

- 穿着舒适宽松或有弹性的运动衫，便于身体自由活动。
- 不要穿着妨碍呼吸或影响血液循环的衣服。
- 赤脚练习。如果天气太冷，可以穿袜子，身体热起来以后再脱掉。
- 练习时不要佩带任何首饰。

上图和右图　饱餐之后3～4小时才可以开始练习瑜伽。吃得较少或吃过点心之后1～2个小时才可以开始练习。练习前不要喝太多水。

练习持续的时间

一般说来，每次练习的时间为0.25～2小时，这样才有充足的时间来完成各种姿势，并进行放松、呼吸以及冥想练习——绝对不要让练习进行得很匆促。

1～1.5小时是比较理想的练习时间。如果受到时间的限制，可以集中做一部分动作，再安排其他时间来冥想，如早上起床前或晚上睡觉前来冥想。第6章提供了关于时间安排的内容。

练习器材

在没有缝隙的平面上练习有助于姿势的稳定。在特制的瑜伽地毯或其他代用品如野营的橡皮垫子上练习也可以。多层的毛毯或较厚实的毛巾都是适用的，尤其适用于户外练习。

下列器材可供参考

- 垫子
- 带靠背的椅子
- 宽带（约2米长）
- 毛毯
- 木垫
- 全身穿衣镜（有利于调整姿势）

注意

- 仔细阅读所有的瑜伽姿势要领。
- 练习时不要让身体产生疼痛感。动作不要太猛，这样有可能拉伤肌肉与韧带。要区分积极拉伸肌肉与过度拉伸肌肉产生的疼痛感的不同。
- 练习姿势时，尽量保持呼吸和感觉的意识清醒，这样便于在整个练习过程中集中注意力。
- 先掌握比较容易的姿势并保持这个姿势，进行至少6次深呼吸，然后再尝试练习难度较大的姿势。
- 如果患有支气管方面的疾病如气喘、糖尿病或者心脏病等，练习过程中也可以同时进行药疗。

制定瑜伽练习计划

学会尊重和倾听先天智能的引导非常重要。练习时建议你每天关注自身的感受并且相应地调整自身的瑜伽练习。

30分钟瑜伽练习计划		
	放松姿势	排气式 详见第26页
	中立姿势	单抬腿式 详见第50页
	背屈（动态）	猫伸展式 详见第55页
	中立姿势	四肢撑地式 详见第81页
	前屈	俯面狗式 详见第56页
	前屈	童式 详见第26页
	前屈	双腿背部伸展式 详见第51页
	前屈（平衡）	船式 详见第52页
	中立姿势	尸卧式 详见第26页
	背屈	眼镜蛇式 详见第58页
	前屈	童式 详见第26页
尸卧式放松同时练习蜂式呼吸		
冥想		

姿势组合以及姿势总表

本书的全部姿势分为六种类型：坐前屈、坐背屈、站姿、平衡姿势、倒立姿势和放松姿势。

在第39页的姿势总表中，上述类别进一步分成以下五种即：

- 中立姿势——脊椎成垂直或水平状态，上身与下身成水平或垂直。
- 前屈。
- 背屈。
- 侧屈。
- 扭转。

这样分类有助于你为每次练习选择相应的互补姿势，如坐立前屈可以配合站立前屈，后屈姿势可以为平衡姿势的练习做准备，有的平衡姿势本身也包含后屈动作如舞蹈式。本表不列举呼吸和冥想练习。

为了便于参考，本表只列出一个相关姿势，相关姿势在第4章和第5章会有详细的说明。选好姿势后，翻到相关章节并参考图片说明和动作要领，选择适合自身灵活性和力量的姿势来进行练习。

练习简单姿势来热身

给身体的相关部位热身时要小心，热身运动可以在练习所选姿势之前使身体有所准备，并使练习安全进行。热身建议在每个姿势中会具体讲解。作为初学者，如果你发现自己仅仅只能完成热身动作也不要灰心。练习时以自身感觉舒适为限度，再逐渐练习难度较大的姿势。

从简单姿势向高难姿势挑战

这里所说的姿势属于不同的类别，也有的只属于某一特定的类别。一套耗时较短的简单练习可以选择2～6个姿势。建议从中立姿势开始练习，再逐渐练习其他类型的姿势。

开始时先练习前屈姿势，然后再过渡到其他姿势组合，这也是很好的。练习开始时选择的姿势可以为以后练习更有挑战性的姿势做准备。

主姿势与反姿势

每个姿势都需要用一个反姿势来达到平衡，这个姿势可以将身体向反方向弯屈，也可以让身体回复对称状态。如果你做完某个动作以后感到不适，可以做一个反姿势来消除身体不适。练习完某个难度较大的姿势或一系列动作之后，要做放松姿势使身体复原。

反姿势

- 反姿势应该比主姿势容易做，可以用放松姿势作为反姿势。
- 反姿势保持的时间至少是主姿势保持时间的1/3，也可以作为一套练习最后的静态姿势来练习。
- 整个练习过程中主姿势和反姿势必须交替练习。在练习完同一类型的2～3个主姿势之后可以练习一个反姿势来放松。比如练习背屈动作，先以动态眼镜蛇式热身，然后进入静态式，再练习前屈式。又如先练习小桥式，再进入犁式，最后用鱼式作为反姿势放松。
- 背屈姿势练习完以后要紧跟着练习一个前屈姿势。
- 脊椎扭转和侧屈姿势之前和之后需做前屈对称动作，但绝对不要练习背屈姿势。
- 身体一侧做完脊椎扭转或侧屈姿势后，应先回到对称位置，然后才能接着做另一侧的动作，这样才能让脊椎先回复其原始位置，再朝另一方向弯屈。
- 倒立姿势完成后需以童式或尸卧式放松，这样做是为了让血流恢复正常。做完倒立姿势后，不要起立得太快，以免引起头晕。

注意 **尽管练习过程中每个阶段都包含呼吸练习，但放松和冥想之前还是要着重控制呼吸。**

平衡姿势

身体某一部分热身以后可在此基础上练习平衡姿势。比如，蝴蝶式练习完会发现用树式平衡更容易。如果练习完前屈动作，可以用船式或抬腿直立平衡。

整个练习结束时做平衡姿势，这时要保持精神集中，身体做好准备。

放松姿势

每一次练习过程中，应该进行至少3～4次放松，让身体在练习时得到足够松弛。在开始练习前，也可以先做放松姿势，使身心有所准备。每一次练习都应该以放松姿势结束，比如尸卧式，并保持这个姿势5～10分钟。

冥想

冥想一般是安排在练习结束时，或者单独安排在一天中的其他时间。比较简单的冥想是把注意力集中到呼吸上。

首先，成为一名观察者，用心灵的眼睛观察空气从鼻孔进出的情况，体会鼻孔吸气和呼气的感觉。如果感到身心平静，继续体会空气吸入肺部并从肺部呼出的感觉。从均匀的呼吸节奏中放松，感觉身体内部的平和。

姿势总表

阿萨拉(asana)是梵文中表示某个瑜伽姿势的词根，指的是身体在舒适稳定状态下所做的一个动作。

从生理上说，练习瑜伽姿势可以调节身心，加强力量，增强人体的平衡性和灵活性。这些姿势还可以缓解日常生活所产生的紧张感，加强身体各系统的功能，使我们充满活力，精神愉悦。这种活力和愉悦感伴随练习者逐渐接近内心的本质——即人体内在的潜能。从感情和心理上说，练习瑜伽会让内心平和澄净。从精神上来说，练习瑜伽姿势可以刺激体内能量中心（即脉轮），疏通体内的循环系统。这些能量中心影响内分泌和神经系统，这两个系统又同时影响着人体的免疫系统。练习姿势使这些系统处于和谐平衡的状态中。

第4章　坐 姿

从哪里开始

练习瑜伽的态度非常重要。练习时要谨慎，动作要轻柔。眉头紧蹙，过于紧张都会降低练习的效果，甚至导致损伤。要记住脸上只是挂着一丝微笑也会有缓解面部紧张的作用，微笑给你带来轻松，使全身松弛。从练习中寻找到乐趣也很关键，它反过来可以增加身体的灵活性，加强力量，增大运动幅度，使身心意识的境界得到提升。

本章的内容包括的是经西方改变和简化后的瑜伽姿势，在许多瑜伽训练班的教学中广泛教授。因为初学者的灵活性、力量和注意力集中等情况还不能达到练习传统姿势的要求，这些简单的姿势便于初学者学习。这些姿势分为以下几个类型：坐姿（包括前屈、背屈和脊椎扭转）、站姿、平衡姿势（包括站立平衡和手平衡）、倒立姿势和放松姿势。

注意

- 认真阅读练习指导，从最简单的动作开始，按指导要求逐渐加大动作难度。
- 按照所建议的时间来保持某个姿势，不要产生紧张感。经过一段时间的定期练习就能达到更高水平。
- 不要为了获得最大益处就尝试难度最大的姿势。按照身体的实际情况，保持当前的练习水平就会收到最好的效果。
- 如果受生理条件的限制，如肌肉紧张、关节不灵活或旧疾等，不能练习更高一级的姿势，你也不应灰心。要相信你正从当前练习中获得益处。
- 练习时应小心谨慎，不要强迫身体练习某些姿势。

上图　完美对称的身体线条反映出身心的平衡，这正是瑜伽所要达到的目标。

动态姿势Vs静态姿势

动态姿势是重复进入与结束一个姿势，同时协调呼吸。动态姿势要集中精力并且加深呼吸。身体要适应进入和结束姿势的运动节拍，相关部位在进入下一姿势得到热身。这样在做某些动态姿势时，身体也为做静态姿势做好了准备。

静态姿势指保持某个姿势一段时间（即书中所讲的以呼吸次数来计算保持时间的长短）。瑜伽中“静态”并非指不活跃、呆板或被动。它是指通过有意识的呼吸和身体舒展来保持活力的状态。练习的目的是在身体的放松和伸展状态之间找到平衡——这样有助于消除过度紧张。有意识的呼吸也可以保持姿势的活力。

保持静态姿势时要注意身体某些部位是否过度紧张，某些部位是否运动到位。比如，你可能发现自己的下颚和面部肌肉有紧张感，或者会发现你身体一侧比另一侧练习得更用力，发觉身体不协调后轻柔谨慎地进行平衡。微笑对于缓解紧张的状态有奇妙的功效。

热身

本书在每一个章节对每一个动作都提出了热身建议。练习前要做好充分的思想准备。练习时要先进行热身，这点非常重要。因为：

- 热身可以帮助身体做好准备，在练习时感到更轻松，防止发生意外伤害。还可以改善意识状态，有利于瑜伽练习和身体健康。
- 热身可以改善血液循环，有利于全身的协调和舒展。
- 热身有助于把注意力集中到呼吸上，使呼吸完全均匀。这样可以增加氧气吸入量，提高能量水平，更好地集中注意力。不仅如此，练习所带来的肌肉绷紧也会因为事先热身而减轻，热身使血液循环加快，肌肉的供氧增多，加速了体内毒素和废物的排出。

右图 练习某些瑜伽平衡姿势需要较大的力气，但关键是要掌握好身体两侧的平衡。

前屈姿势

前屈姿势可以提高身体的灵活性。从生理上说，对灵活性的要求就是学会在姿势练习中使身体变得柔软，在身体放松中找到平衡，同时感觉身体舒展，充满活力。从心理上说，可以培养镇静和自我训练的能力，这种能力会影响你的生活方式——使你意识到极端的生活方式，如过度劳累或者过度懒散。

从身体的能量水平上来说，前屈姿势影响到许多能量中心（即脉轮），特别是第二能量中心（位于肚脐和下背部），这个能量中心与肾脏以及肾上腺相关。前屈姿势协调平衡这些部位的功能，抚慰神经系统，平静思想，清醒头脑。

前屈姿势可以激活副交感神经系统，形成平静和松弛的状态。

肾上腺分泌的激素使我们对恐惧做出抵抗或逃避的反应，刺激我们的求生欲望。现代生活节奏快，竞争激烈，压力大，人们疲于在“抵抗或逃避”的生活模式上花大量时间，不断刺激着虚弱的神经系统。因此，人们总力图放松以求得心灵的清静。

尽管疑虑惧怕不是我们所希望的感情，它们却是我们生活中不可缺少的部分。因为有疑虑和惧怕，才迫使我们学会适应生存，让我们拥有智慧与勇气。恐惧是我们受到伤害或面临危险时的信号。只有在恐惧让人身体变得虚弱时才会对健康造成不利影响。如果我们以害怕消极的方式去抵抗恐惧，只会给身体带来不必要的紧张，阻碍我们接受改变，不能适应和探索新的环境。

练习瑜伽时要记住一点：一小步一小步地去实践那些你认为自己不能完成的姿势，这样有助于克服恐惧心理。

注意

- **如果你是初学者，从坐立前屈姿势开始练习，这是练习站立前屈的前提准备。**
- **前屈姿势可以作为练习背屈、侧屈与脊椎扭转姿势之前和之后的反姿势。**

前屈姿势的好处

- 伸展脊椎，促进脊椎的健康，改进姿势。
- 增加腿部韧带的柔韧性。
- 刺激副交感神经系统，起到镇静作用。
- 给腹部器官以轻度的挤压与按摩，有助于强化器官功能。
- 有助于消化和排泄。

右图　我们通常都没有意识到日常生活中某些不良或失衡的姿势对脊椎造成的不利影响。前屈姿势的练习能极大的增强这种意识并让我们认识到保持脊椎直立的重要性。

注意

- 如果肌肉僵硬，可微屈双膝，再逐渐伸直。
- 如果背部有疾病或患有高血压，伸直脊椎时头部位置要高于心脏。
- 如果你是一位孕妇，可分开双腿，以免使腹部受到挤压。

基本预备练习

眼部练习

这一练习有助于缓解眼球以及眼睛四周的紧张感。练习瑜伽时，眼睛要在放松状态下集中视线。

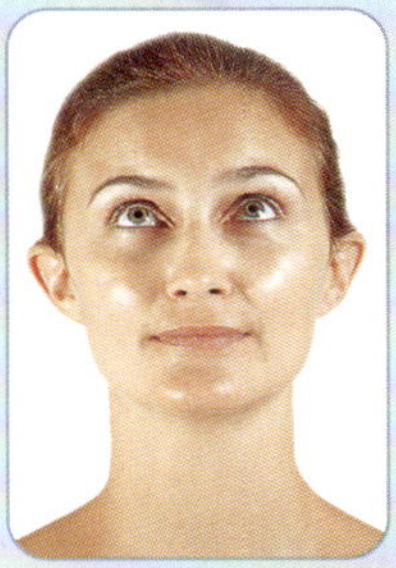

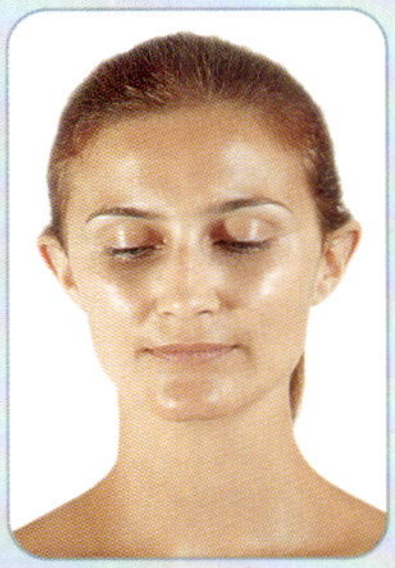

眼球上下左右转动，然后对角转动。眼睛朝一个方向运动2～3次，然而反向运动。在运动过程中视线要集中。

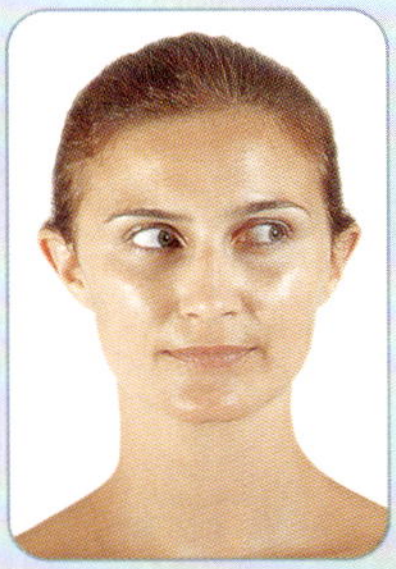

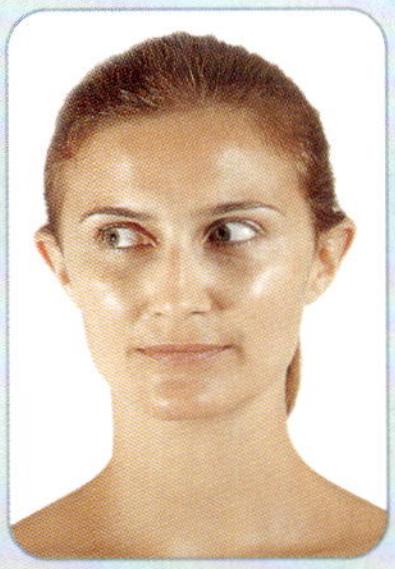

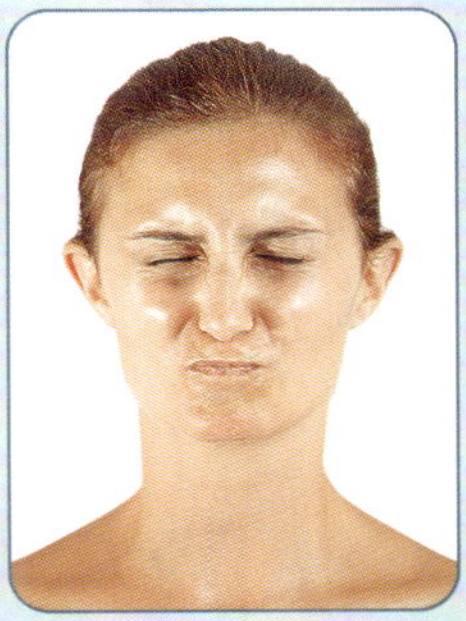

面部肌肉练习

这一练习可以消除下颚肌肉的紧张。

吸气，绷紧面部肌肉，紧闭双眼，撅嘴，保持这个动作，进行2～3次呼吸。

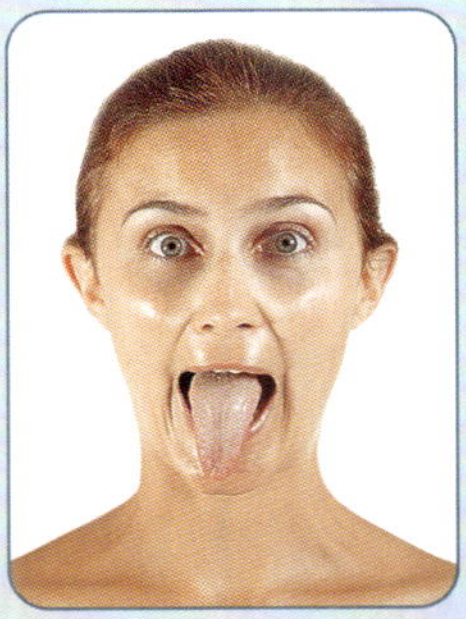

呼气，睁开眼睛，尽量张大嘴巴，伸出舌头，让整个脸部舒展开来，保持这个动作，进行2～3次呼吸。

在瑜伽练习当中，应将舌前部抵住硬颚，舌尖抵着门牙，两唇轻微闭合，一直保持这一姿势（另有要求除外）。

雷电坐

双膝并拢跪下，脚趾平伸于身后。身体坐在脚跟上，双脚拇指（或拇指关节）接触，脚跟分开，脊椎直立。

双手放在两腿上，掌心朝下，两眼平视前方。

这个姿势可以长时间保持，或者保持3～6次呼吸，为练习伏雷电式准备。

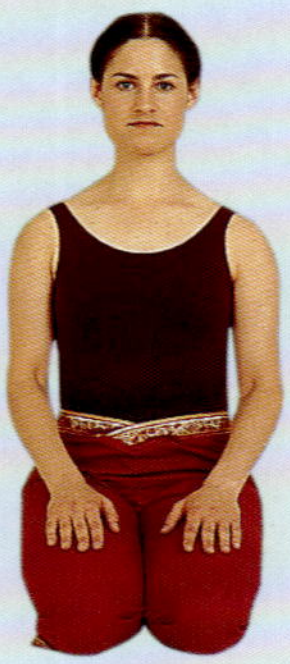

注意 如觉得膝部紧张，可在膝下放一个垫子或折叠的毯子。

伏雷电式

以雷电坐开始，吸气，上身挺立，两臂向上伸直（图1）。然后，呼气，上身向前弯曲，两臂贴耳并伸直着地（图2）。如果做动态姿势，吸气，反方向回复起始姿势，脊椎弯曲（图3），重复3～6次。如果是静态姿势，可以保持这个姿势做3～6次呼吸，最后回复雷电坐。

1 2 3

注意 如果患有静脉曲张或者感到膝部紧张，可以避免练习雷电坐、蛙式和牛面式坐姿。

蛙式

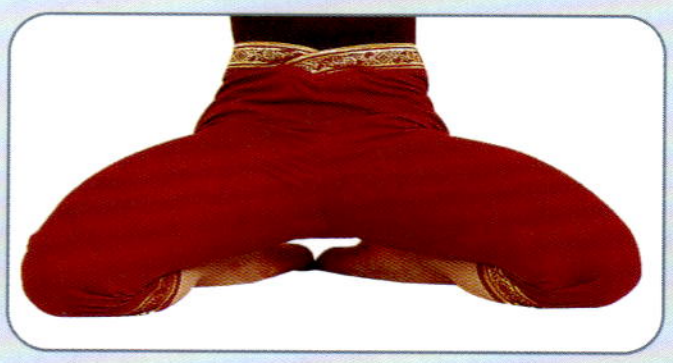

按照上面伏雷电式的要求练习，所不同的是将两膝向左右跨开，两脚拇指相互接触。这一姿势有助于增强髋部和大腿内侧的灵活性。可以长时间保持这个姿势，这个姿势对孕妇也很有益处。

牛面式

腿的位置

双膝跪下，双脚朝后，两手自肩部自然垂下，手掌撑地(图1)。然后两腿交叉，右腿在前，左腿在后（图2），两腿内侧相互接触。身体坐在左右脚跟之间，上身挺立，脊椎伸直（图3），脚跟尽量收近臀部。

1

2

3

手臂的位置

抬起左臂，左手肘朝上，手心朝内放在颈部以下肩胛骨之间的部位。右手抓住左肘关节，尽量往后脑拉（如右图1），头部保持直立。

反转右前臂，弯右手肘，右手背贴于脊椎，掌心向外，两手相互勾紧(如右图2)放在肩胛骨之间。身体保持对称，保持这个姿势，做3～8次呼吸，另一侧重复练习。

1

2

替换姿势

如果身体缺乏柔韧性，可以雷电坐或双腿交叉坐于垫子上。

反姿势

雷电坐或双腿交叉坐，十指相交于颈部，手臂轻轻向后拉，手肘水平朝向两侧以均衡舒展胸部。

替换姿势

若两手不能相互勾在一起，可以抓住一根带子。

预备练习

仰卧，屈腿，脚板相对贴紧，双膝向两侧打开。两手抓住脚踝或脚背（图1）。保持这一姿势，做3～6次呼吸。

向两侧伸直双腿（如你只能做屈腿的动作，保持原姿势），同时轻轻下压大腿内侧或双脚（图2）。保持这个姿势，做3～6次呼吸。

1

2

直立坐好，两膝向外张开，脚板相贴，两手抱住脚踝或双脚，两膝上下运动一会（如下图）。

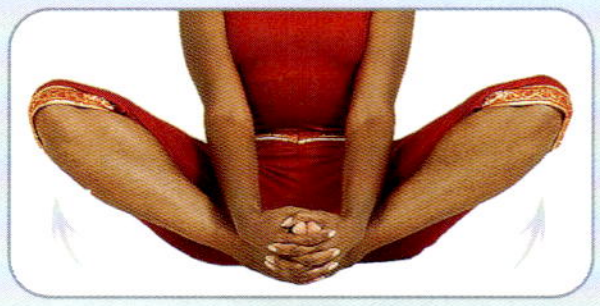

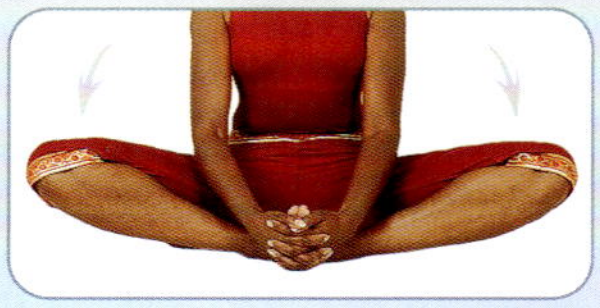

蝴蝶式

上身直立坐好，脚板相贴，双膝弯曲并向两侧打开，脊椎向上伸直。双脚尽量向身体收拢，双手抱脚，保持稳定（下图）。

替换姿势

为了保持脊椎直立可以坐在垫子上。

也可以借助墙壁来完成动作。面向墙壁，两腿靠墙分开。手臂有助于使腰背直立。

伏蝴蝶式

从蝴蝶式坐姿开始，吸气，想象脊椎与头在伸长。(图1)

呼气，上身从臀部向前倾，同时保持脊椎平直，头颈与脊椎在同一直线上（图2）。扩张胸部。

双手抓住脚踝或双脚，好像那是杠杆帮助上身进一步向前倾斜。两肘向外张，双膝朝地面下压，保持这个姿势同时扩张胸部。

1

2

1

2

3

坐角式

从蝴蝶式坐姿开始，将两腿伸直并尽量分开，双脚勾起，以拉伸大小腿后侧（左图1）。两手掌平摊于身前的地面上，吸气，向上挺直脊椎。呼气，上身向前倾斜，脊椎仍然伸直，头颈与脊椎成直线（左图2）。两臂向前运动，尽量向前伸直，脊椎保持平直（左图3）。体重均匀地落在身体的两侧。结束时，先吸气，然后依反方向回复到起始姿势。

a

b

替换姿势

a．坐于垫子上。

b．可稍屈膝，再逐渐伸直双腿。

持续时间

静态姿势一般可以保持4～12次呼吸。

1

2

3

预备练习

仰卧，两腿伸直，两脚向上勾起（图1）。抬起左腿，右手抓住右脚踝处（图2）。保持姿势，做3～6次呼吸。左腿重复一次。

然后同时将两腿举起，两脚勾起，保持这个姿势时，手臂可以放在身体两侧（图3）或支撑双腿。

可利用带子勾住脚部以帮助完成这个动作。

单腿交换伸展式

1

2

3

从手杖式坐姿开始，屈右腿，右膝向外并下压。右脚跟尽量往左腹股沟压紧（上图1）。左腿保持灵活。吸气，双臂从耳际向上高举，手指向上（上图2）。呼气，上身向前屈，脊椎保持平直，两手握住左脚踝或左脚，头颈与脊椎成直线（上图3），最后头贴近膝部。要做动态姿势，先吸气再反向回复起始姿势。呼气，手臂放下，置于身体两侧。重复动作3～6次，然后保持静态姿势。

静态姿势

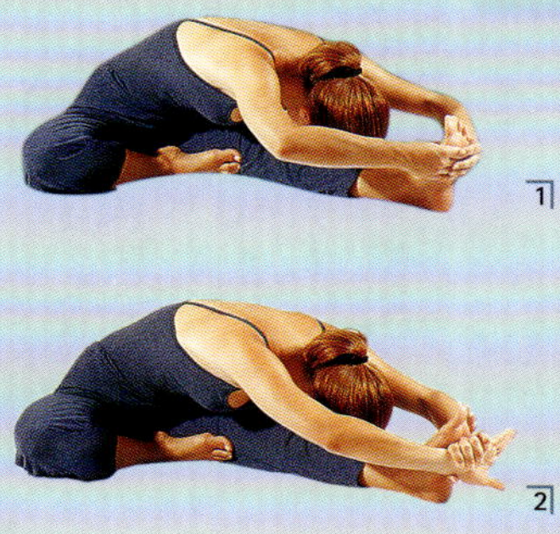

呼气，上身前屈，两手握住左脚（图1）或握住脚踝，用两手作为杠杆帮助你做好屈体动作。左手绕过左脚板握住右手腕（图2）。头颈和脊椎伸直舒展。

为了动作到位，前额下垂至膝部，利用手臂帮助上身轻轻前屈。然后反向回复起始姿势。换腿重复前屈动作，练习时间与前面相同。

替换姿势

坐于垫子上以帮助脊椎伸展(图a)；可用一根带子挽住双足（图b）；两手放在膝部或脚踝处（图c）。

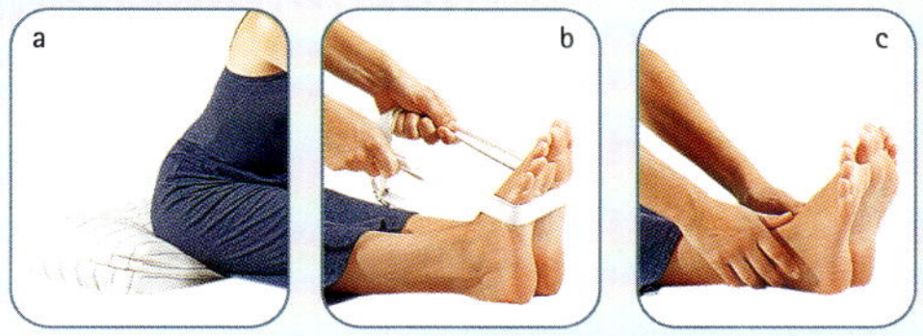

双腿背部伸展式

从手杖式坐姿开始，两腿向前平伸，两臂上举，如单腿交换伸展式所要求的那样。练习时以感觉舒适为限度。反方向回复起始姿势。

持续时间　静态姿势保持4～12次呼吸。

预备练习

1

蜷体动作

仰卧，两腿并拢或分开。脚趾前伸，两臂从两侧向头顶伸出（图1）。吸气，双腿与双臂伸展，贴到地面。呼气，将身体蜷曲成球形。膝部与前额相接。两臂抱紧（图2）。重复2～3次，以起到给脊椎热身的作用，这样可以增强腹部肌肉的力量。

2

滚体动作

这个动作能对脊椎产生极好的按摩作用。如果不能弯曲脊椎或者在练习时感到不适，可以避免练习这个动作。

仰卧，收膝至胸前，双手抱在膝下（图1）。脊椎弯曲，下颚收入胸前。练习中始终保持这一姿势。身体向后滚动，再向前滚动（图2）。向后滚动时，小腿立于头部上方，然后双腿向下运动，带动身体向前滚动。重复数次。

1

2

船式

上身直立坐，双膝弯曲，两脚着地。双臂平伸，手指前指（下图1）。上身向后倾斜，脊椎保持平直并与头颈成一直线。抬起小腿与地面平行（下图2），脚面绷直。身体重量均匀落在臀部两侧。

如果这一姿势能保持3～6次呼吸，那么你可以伸直双腿，整个身体构成一个“V”形（下图3）。双臂向前伸展，脊椎与地面成斜角并伸直，以保持平衡。

持续时间　保持3～8次呼吸。

1

2

3

背屈姿势

背屈姿势可以锻炼背部肌肉，增强脊椎的灵活性，使之富于弹性，有助于完成各种姿势。练习背屈姿势可以加快血液循环，改善神经系统，使脊椎与这一部位的神经在锻炼过程中获得所需要的营养。同时还加速骨盆部位的血液循环，为生殖器官提供营养。

在运动过程中，腹部肌肉得到舒展和加强，这也有助于消化，平衡肾脏及肾上腺的功能。练习背屈姿势可以扩张胸部，提高肩部的灵活度，避免驼背和耸肩，还能加深呼吸。

从心理上讲，在我们过度担心或过分焦虑时，这些情绪会从生理上反映出来，表现为肚脐和胸腔——即腹腔神经丛部位的紧张感。练习背屈姿势有助于舒展和拉伸这一部位，消除积累在此的紧张感。克服焦虑的情绪需要决心和意志力，这也是对自我的激励，对生活态度产生积极影响。从精神上来说，保持某个背屈姿势可以使思想处于被动平衡的状态，这样可以集中精力——因此也可以培养更强的决心和意志力。

从能量水平上来说，背屈姿势对体内的很多能量中心产生影响，尤其是腹腔神经丛、咽喉和心脏部位的能量中心。

注意

- 练习背屈姿势之前和之后，要马上以前屈姿势为反姿势进行放松。
- 练习背屈姿势之前和之后，不要马上做扭转脊椎运动及侧屈动作。
- 练习背屈姿势之前，要先热身，以免拉伤背部和肩部的肌肉。
- 如果背部不适，注意要收紧臀部肌肉，以加强对下背部的支撑力。某些动态姿势如蝴蝶式可以增加灵活性，加强背上部和中部的力量。
- 如果颈部有疾病或者感到不适，做背屈姿势时，头颈部位可以不参与运动，但是头与脊椎要成一条直线。
- 进入或退出背屈姿势时，动作宜慢，特别是涉及颈部时。
- 如果你是一位孕妇，应避免俯卧，要当心背屈的程度。

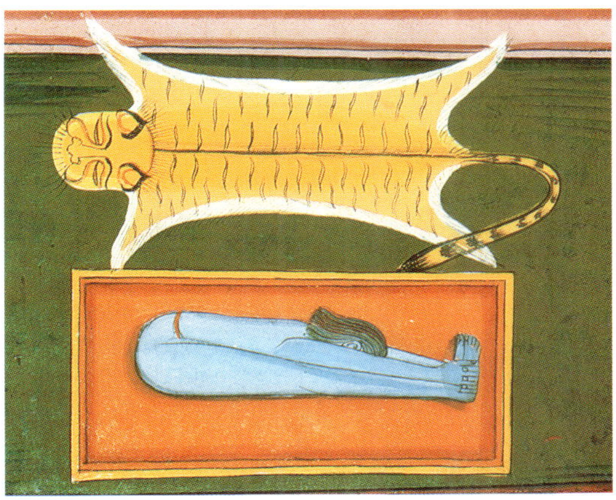

右图 练习背屈姿势，要以前屈姿势为反姿势来进行放松，这对于平衡脊椎的弯曲方向非常关键。

基本预备练习

颈部放松

这些姿势有助于放松颈部，练习时要缓慢而谨慎。

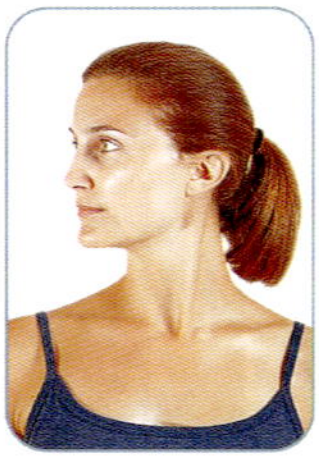

头转动

头转动要配合呼吸的节奏。吸气，头转向一侧。呼气，头转回正前方。下颚与地面保持平行。交替做2～4次。

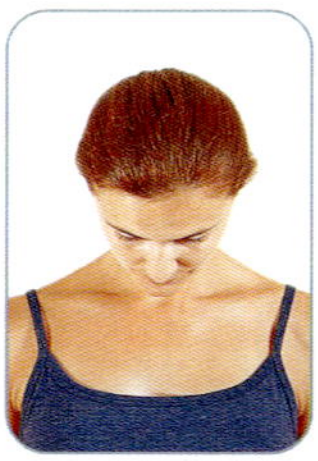

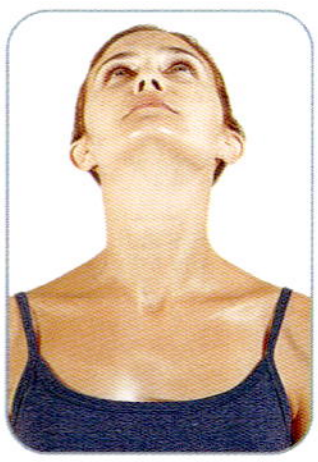

抬头和低头

呼气，将下颚往胸前收，伸展颈后部肌肉，保持这个姿势，进行2～4次呼吸。然后吸气，抬起下颚，伸展颈前部肌肉。呼气时，下颚收至胸前，呼吸1～2次。如有颈部疾患，可不要抬起下颚。

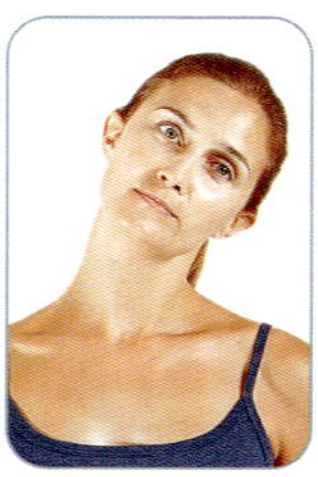

伸展颈部

呼气，左耳向下靠左肩，拉伸右侧颈肌，保持这个姿势，进行2次呼吸。吸气，头部回复中央位置。另一侧重复练习。

肩部放松

在做下面这些动作时，肩部或手臂要前后各转动2～3周，先向前转动，再向后转动。吸气耸肩，呼气放下。从转动肩膀开始（图1）。将手放在肩部，两肘划圈（图2），运动中双肩要向下压。最后，向前伸直手臂（图3），手臂画圈，双肩同样下压。

上图 这个姿势极力拉伸腰部和胸腔，对消除肌肉紧张很有益处。

猫伸展式

动态姿势

四肢撑地，双膝稍分开，手臂垂于肩膀下（图1）。背部像桌面一样平展，头与颈部伸直，与脊椎成一直线。双眼俯视手掌之间的地面。

吸气，背部下凹，肚脐部位向下沉，胸部扩张（图2）。肩胛骨向背部挤压，呼气，脊椎向上拱起，收缩肚脐部位（图3）。

重复练习，脊椎交替下凹和拱起4～8次。

1

2

3

腿部动态姿势

练习上述姿势时可以添加腿部的动作，做法如下：

吸气，将右腿向后伸直或向上抬起，脚趾伸直（下图1）。呼气，收回右腿，右膝靠近前额（下图2）。右腿运动2～3次。左腿重复这一动作。

1

2

反姿势

回到四肢撑地的对称状态或以童式放松。

静态猫伸展式

四肢撑地，如动态起始姿势（下图1）。双手向前移动，直到前额贴在地面上（下图2）。臀部保持撅起，两腿与地面成直角。脊椎在该姿势中放松，下背部从臀部往下垂，保持3～8次呼吸。结束时，身体坐在脚跟上，放松身体，呼吸数次，然后回复四肢撑地姿势。

1

2

注意 由于练习时头部的位置有时要低于心脏，患有心脏病和高血压的人避免练习该姿势。

俯面狗式

四肢撑地，开始姿势如猫伸展式。脚趾和手掌撑地，手指朝前（图1）。呼气，双手用力撑地，向上抬起臀部，双膝微屈（图2）。注意将身体重量均匀落在四肢上。保持这个姿势，双腿伸直，脚跟不要离地，体会臀部向上抬起，四肢支撑身体的稳定感。反向运动回复起始姿势（图3）。

1

2

3

持续时间 保持这个姿势，进行4～12次呼吸。

这是一个背屈姿势。脊椎下凹——尾椎上抬，腹部内收，下背部向下凹，因而形成背屈姿势。上背部下沉时，胸部靠近地面。头颈保持成直线，双臂贴耳，下颚内收，两眼注视肚脐部位。记住要根据身体灵活的程度来进行练习。

如果练到更高的水平，可以直接从猫伸展式进入狗伸展式。这样更能体会臀部运动和脊椎下凹的感觉。

注意 如果有高血压或心脏病，避免练习这一姿势。可以双手水平撑墙，使头的位置高于心脏。

新月式

从右腿开始练习较好，然后再练习左腿。两膝跪立，双手撑地（图1）。右腿向前跨出，右脚放在双手之间，脚趾前指，脚跟垂直于右膝下方（图2）。膝部不要左右倾斜，右膝保持在胸部正中位置。手掌可以放在地面，也可以指尖撑地。

右腿成弓步向前，拉伸左臀部。头部向前运动，脊椎拉伸，两肩胛骨下沉。保持这一姿势。

如果觉得平衡得比较稳定，伸直脊椎，挺直上身。双手可放在右腿上，也可以合掌放于胸前成祈祷状（图3）。反向运动回复起始姿势。

1

2

3

注意 新月式属于背屈姿势。因为在更高级的姿势练习中，双臂要向后伸展，头向上仰，脊椎向后弯曲。

持续时间 保持静态姿势，呼吸3～8次。

眼镜蛇式

动态及静态姿势

面朝下俯卧于地面上，前额贴地，双腿和脚跟并拢。两手平放在双肩下或贴近脸部的地面上。(图1)。吸气，收紧臀部的肌肉(如能绷紧骨盆肌肉更好)以支持下背部，然后挺胸抬头，利用背部和双手撑地的力量带动身体向上运动（图2)。肘部要贴地。

如果脊椎较灵活，可以只借助背部力量而不要借助手臂的力量来抬起上身，然后肘部离开地面，手放在原位（图3)。保持这个姿势，呼吸3～12次，或继续练习动态姿势。

开始做动态动作时，呼气，上身放低，头部贴地，回复起始姿势。反复抬起和放低上身，并配合吸气和呼气，呼吸3～6次，再保持静态姿势。可以向上抬起下颚，拉伸颈前部肌肉，尽可能缩短后颈长度。如有颈部疾患，练习时头颈要与脊椎成直线（图2)。

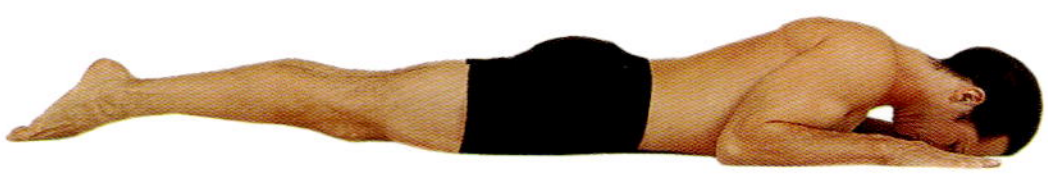

1

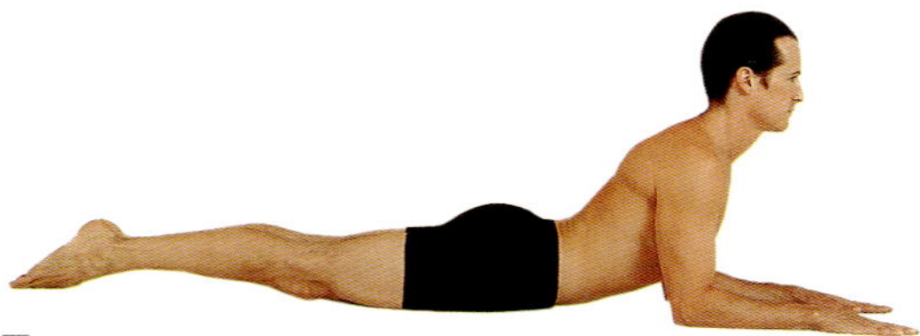

2

3

上图 眼镜蛇式的最后一个动作——躯干后屈，头与下颚抬起，这个姿势好似眼镜蛇准备发动攻击，因而梵文将这一姿势命名为眼镜蛇式。

鱼式

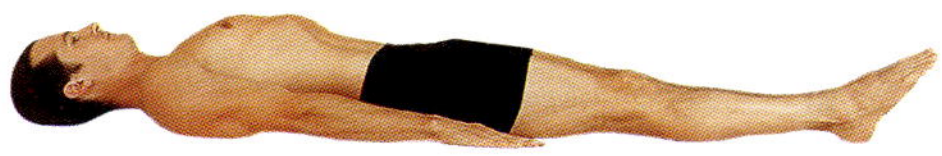
1

2

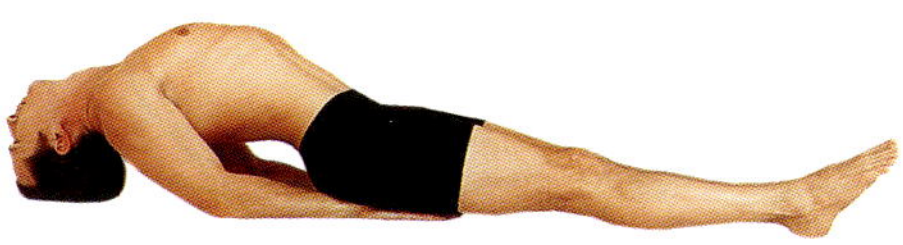
3

仰卧，两腿平行伸直，手臂与手掌平放于身体两侧，掌心贴地（图1）。吸气，胸部向上拱起，上身抬离地面。双肘紧贴身体两侧并往下压（图2）。颈部和头部贴地。

保持这个姿势，呼吸1～2次，然后吸气，进一步向上抬起胸部，双肘下压，进一步抬起上身。头抬离地面，颈向后弯曲，下颚向后抬起，这样可以拉伸颈前部和咽喉部位的肌肉（图3）。轻轻把头顶放在地面上，眼睛朝后看。保持这个姿势，呼吸2～8次。然后回复起始姿势。

注意 **如果颈部有疾病，可以保持头颈不动，只做前几个姿势。**

反姿势

呼气，抬起头和肩，眼睛朝脚趾看，这样可以放松头、颈和胸部。反复3次。

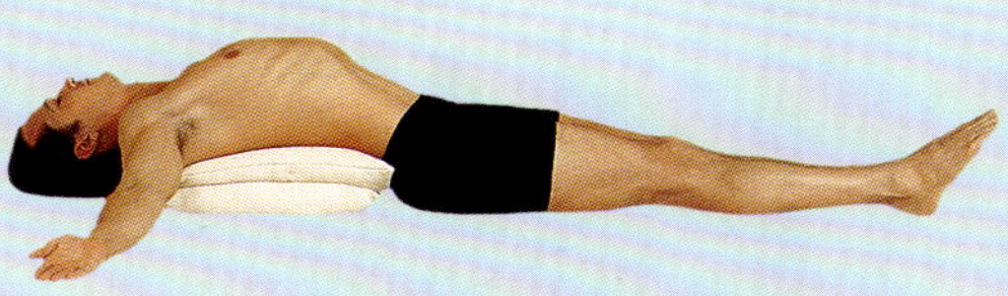

预备练习

可以在背部下方放一个垫子，这样有助于身体放松。

小桥式

动态及静态姿势

1

2

3

从仰卧开始，双膝弯曲，脚板着地，两足平行稍分开（图1）。脚后跟尽量靠拢臀部。两臂自然放在身体两侧，掌心向下贴地。

吸气，双脚下压，臀部向上抬起，肚脐部位向下沉。然后逐渐抬起脊椎中部和上部（图2）。脊椎一节节慢慢离开地面，最后身体重量均衡落在双脚和双肩上，胸部向上抬起并与下颚靠近。

保持这个姿势即为静态姿势，可以用两手托住下背部，手肘仍着地（图3）。要替换成动态练习时，呼气，回复到起始姿势，脊椎一节节落到地面。重复进入和结束这个姿势，分别配合吸气和呼气。

持续时间　静态姿势保持4～8次呼吸。

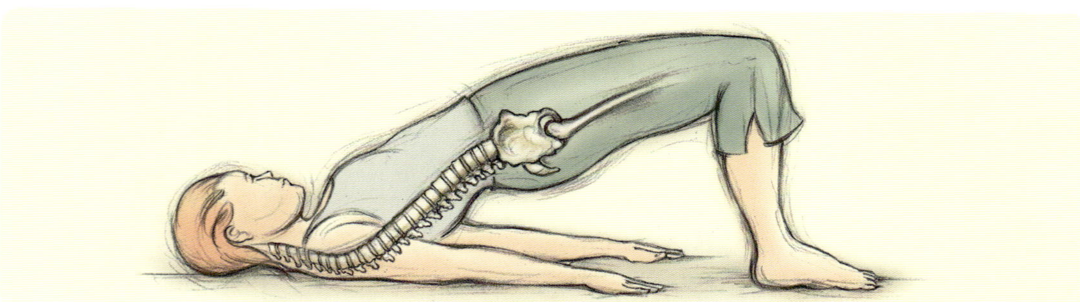

上图　这个有支撑的弯曲脊椎的姿势可以加强生殖器官的功能，使腰椎和尾椎得到锻炼，同时也可增强肩部和背部伸肌的力量。

脊椎扭转

脊椎扭转姿势对于矫直脊椎作用特别显著。它可以轻柔地按摩腹部的内脏器官，对于扩张胸腔，加深胸呼吸也很有效。

脊椎扭转练习对改善自主神经系统也有很好的效果，这些动作让脊椎部位向外围分散的神经节产生新的活力。这组姿势比其他姿势对人体（特别是对迷走神经）产生的影响更大。迷走神经是副交感神经系统中的头部神经，它从大脑出发沿着脊椎延伸至腹腔神经丛，供给心脏、肺等内部器官。

和脊椎扭转相结合的姿势能镇静副交感神经系统，抚慰心灵。这些姿势还对人体的7个能量中心产生积极影响。这些能量中心位于神经丛中，如腹腔神经丛和心脏神经丛。所有的能量中心都能受益于脊椎扭转的练习。

脊椎扭转练习还有产生能量的作用，激活神经中心，产生额外能量，这些能量可能潜藏在身体内部，通过练习把它们释放出来，为人体更好的运用。

反姿势

排气式是非常好的反姿势。这个姿势使身体回复对称，并能对脊椎起到轻柔的按摩作用，在做扭脊椎转动作之前或之后可练习这个姿势放松。

注意

- 脊椎受伤或有疾病，应先遵医嘱。
- 不要猛力进入和结束脊椎扭转练习，以免引起损伤。
- 进入脊椎扭转练习时，脊椎尽量拉伸，注意脊椎要保持在正中央的位置，以脊椎为轴扭转腰部。
- 身体重量要均匀落在身体两侧，比如仰卧或坐于臀部上时，重量落于双肩。
- 练习中双肩要保持水平。

好处

- 使脊椎直立，缓解背部的各种疼痛。
- 对下背部起到轻柔的按摩作用。
- 轻度挤压腹部器官（如胃、肝、肾和胰），促进肠蠕动，有利于消化。
- 轻度刺激迷走神经和自主神经的根部。
- 增添身体活力。

基本预备练习

a

注意　扭转身体时不要过于猛烈，应轻柔谨慎。

b

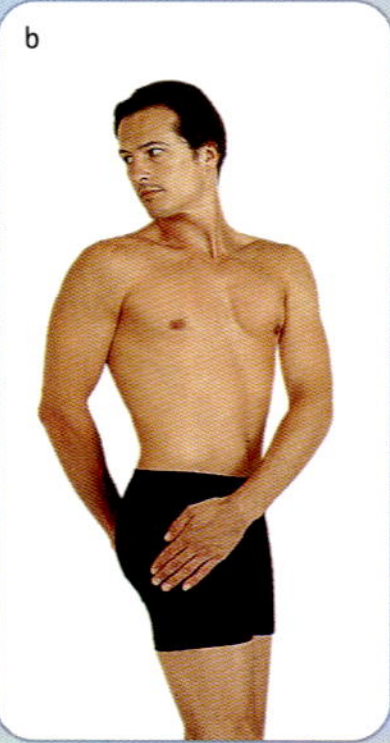

动态扭转

盘腿坐或者脚板相对坐，腿部分开成菱形。也可以双腿平行分开站立，双膝稍屈。

吸气，手臂向两侧打开，与肩同高（图a）。呼气，轻轻向一侧转动躯干，头随之转动，两手护住后腰或臀部（图b）。身体另一侧重复练习。该姿势的目的在于以脊椎为轴，平稳地转动身躯。

c

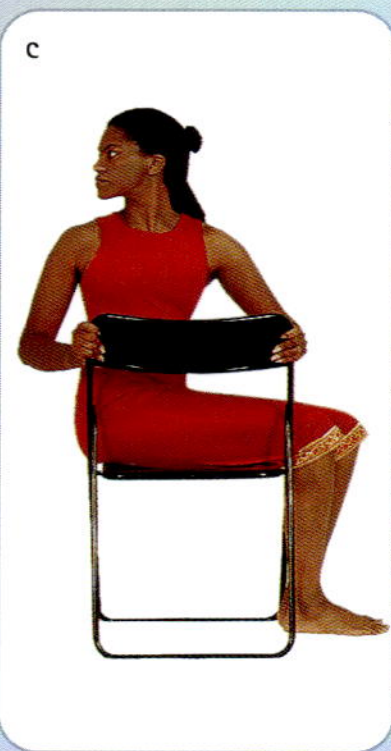

静态预备扭转

侧身坐在有靠背的椅子上，开始时，身体右侧靠着椅背。双脚平放于地面。吸气，身体轻轻向右转动，两手握住椅背（图c），保持脊椎的直立。若双脚挨不到地面，可在脚下放一块木垫。转头，两眼向右肩望去，保持这个姿势做3～6次呼吸。然后反方向回复起始姿势。身体左侧靠椅背，重复练习。

脊椎扭转式

动态及静态姿势

仰卧，两臂平肩向两侧打开，掌心贴地。屈膝，双脚尽量向臀部收拢（第63页图1）。双腿和双脚稍分开并保持平行。肚脐部位向下压，使整个脊椎和下背部贴紧地面，头颈与脊椎成直线。吸气，体会脊椎伸直的感觉。呼气，双膝倒向右侧（第63页图2），两脚与双肩都不离开地面（第63页图3）。臀部也仍然与肩部保持在一条线上，也就是说，不要让扭转动作使髋部转向一侧，以脊椎为轴心来转动。

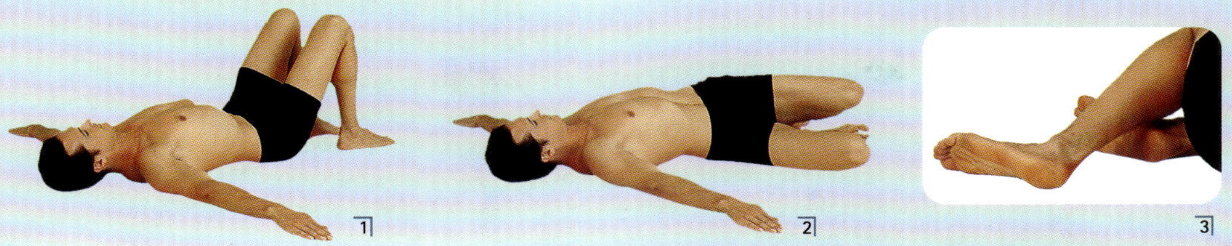

在静态姿势中，保持2～4次呼吸，再回到起始姿势。

进入动态姿势时，紧接着呼气时的扭转动作，吸气，双膝回复中间位置，然后双膝倒向左侧。

替换姿势

下面这两个姿势更高级，加大了脊椎扭转的程度，脊椎扭转的部位稍有区别。

按前面的要求仰卧，两膝和两足并拢（图a），向右扭转身体（图b），左脚自然离地（图c），换左侧重复动作。

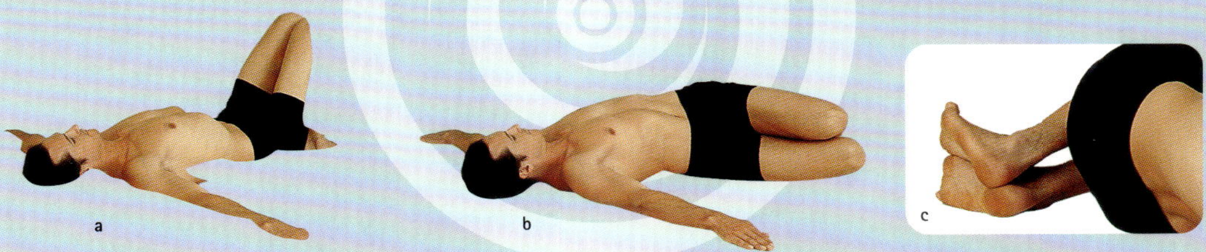

腿脚收拢，双膝收于腹部上方（左图a）。扭转躯干，双膝倒向身体一侧。练习时腿脚始终并拢（左图b）。

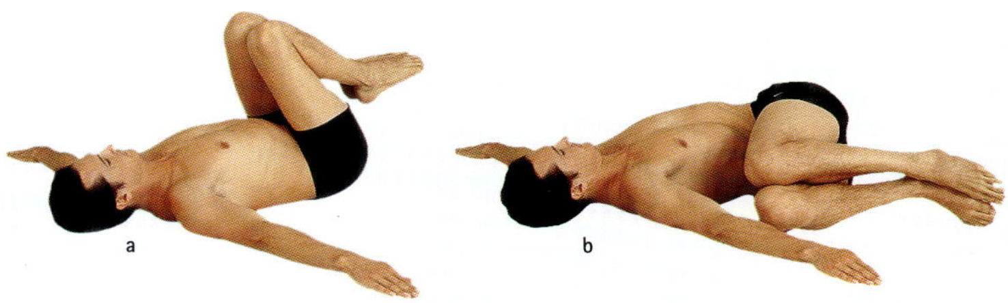

静态脊椎扭转式

仰卧，两腿伸直并拢。两臂平肩展开。屈左膝，左脚尽可能靠近臀部（图1）。左脚落于地面（若练习水平较高，左腿可以收于腹部上方）。右腿伸直，右脚放松。右手放在左膝外侧，左臂平伸并贴地。

呼气，向右侧放低左膝，身体向右扭转（图2）。头转向左边，双肩贴地。保持这一姿势，然后回复起始姿势。屈右膝，身体向左侧扭转，重复练习。

1

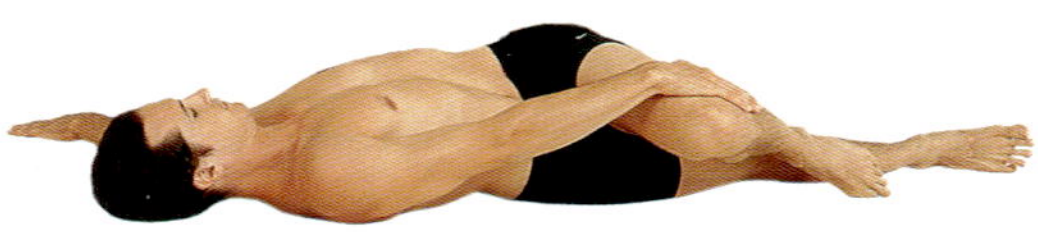

2

半脊椎扭转式

背部挺直坐在地面上，左腿伸直，右腿弯曲，右脚放在左腿外侧（图1），小腿靠紧左腿或左膝，尽可能将右脚跟靠拢左臀。

然后收回左腿，左脚跟靠拢右臀，左大腿外侧贴地（图2）。

吸气，脊椎和头部向上伸直，右手放在靠近尾椎的地面上。左手臂放在右腿外侧，手臂要伸直，掌心朝前（图3）。姿势做好后，呼气，转动头部，眼朝右肩望去，两肩保持水平。反向运动回复起始姿势，身体另一侧重复练习。

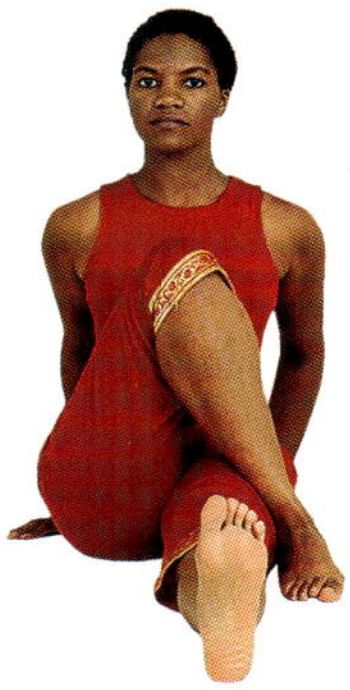
1

2

3

替换姿势

练习中有一条腿可以保持伸直，不必弯曲（上一姿势中按要求应先伸直左腿）。

持续时间 **保持姿势，做3～8次呼吸。脊椎应保持直立，加深胸呼吸。**

站姿练习能增强身体的稳定感，并且使脊椎和头部产生向上延伸的感觉。这种站立的稳定感有助于身体的平衡和协调，同时让身体的重量均匀落于身体两侧。平衡姿势有助于在运动中保持顺畅自然的呼吸。

从心理上来说，站姿可以反映你的生活方式。也许你站立时身体很稳定，只有小幅度的摆动，可是这样却会限制你的适应能力。你站立时也许委靡不振，松散无力，缺乏稳定性，这反映出你缺乏方向感，注意力不集中。站姿练习可以在增加身体灵活性的同时培养平衡感，使身体强壮稳健。

第5章　站立与平衡

站姿

好处

- 加强腿部、臀部、腹部、背部和颈部肌肉的锻炼。
- 增强腿部的柔韧性。
- 增强踝、膝以及髋关节的灵活性。
- 增强双肩的灵活性。
- 在站立中培养稳定舒适感和平衡感。
- 提高身体的协调性，使身体两侧的肌肉均衡发展，加强平衡。

注意

- 有些站姿拉伸强度较大，如有心脏病或高血压，或在保持某个姿势时感到紧张，应当要特别小心。可保持静态姿势一小段时间，也可重复练习2～3次动态姿势。练习中双手放在髋部两侧，双肘朝外，这样可以缓解紧张感，加强腿和臀部的锻炼。
- 身体情况欠佳时(有心脏病或高血压)，屈体动作可以只做到一半。还可以用手扶墙壁以保持身体的稳定。
- 站立中检查面部、咽喉部位和腹部是否有紧张现象，看看呼吸是否通顺正常。如确有不适，可以轻柔进入反姿势放松，回复正常呼吸。
- 注意分腿跨度不应超出身体所承受的限度。练习中脚跟要挨到地面，身体要感觉舒适。
- 如果你在寻求平衡，可以用手扶墙练习，等到你自信可以站稳了，再按要求来做。练习对称站姿有助于培养稳定意识，这对以后练习非对称站姿很有益处。

左图 瑜伽姿势教会你如何获得身体两侧的完全平衡。如图所示的姿势，左腿向上高高举起，通过身体的拉伸和向上抬起的右臂保持身体的平衡与稳定。

反姿势

练习完非对称式站立姿势后，怎样重获平衡与对称是很重要的。身体两侧练习完非对称姿势以后，两足与身体回到立正姿势，面向前方。两足平行分开到合适的宽度，两膝伸直或稍屈。然后上半身从臀部向前弯曲，头与双臂跟着往下垂。反姿势可以在身体一侧做完不对称动作以后再练习。

替换姿势

a．两臂下垂，头也自然下垂并放松。

b．手掌放在两脚之间的地面上。双膝和双肘可以弯曲。

c．两肘互相叠起来，垂于头下。

d．保持山立式姿势，或者以尸卧式和童式放松。

a

b

c

站势提示

- 进入或退出某个姿势，或保持某个姿势时，把注意力集中到这样一个意念上：双脚稳固地植根于地面，上身在渐渐地拉长。
- 视线聚焦于一点，眼睛始终凝视。
- 保持呼吸正常。

起始姿势

一般用山立式站姿作为起始姿势。山立式使人产生力量感和稳定感，使人意识到个人的思想和想像力在站立中是如何影响身体并产生摇摆的（站立时身体会有自然摇摆的倾向）。这个姿势的目的是使身体不受摇摆的影响，增强意志力以保持平衡。山立式使人们在进入其他复杂练习前为身心的稳定做好准备。

基本预备练习

手摆动

如步行时一样，左右臂前后摆动（图a，b）。摆动时，两臂前后要摆得一样高，摆手要与呼吸协调。

另一种方式是，两手并拢向前举起，与肩同高（图c），然后手臂向两侧打开（图d），再并拢。吸气时，打开双臂，呼气时并拢。

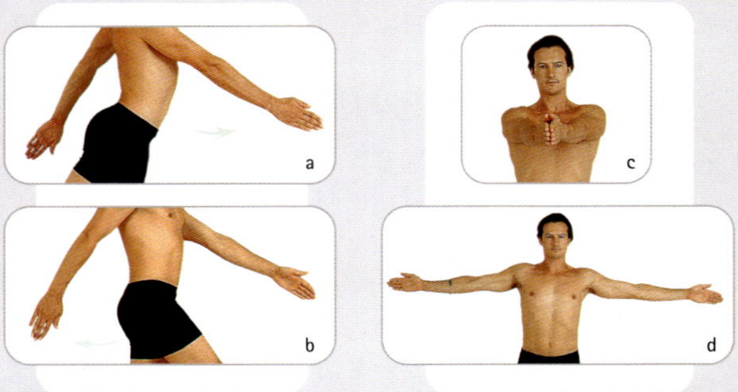

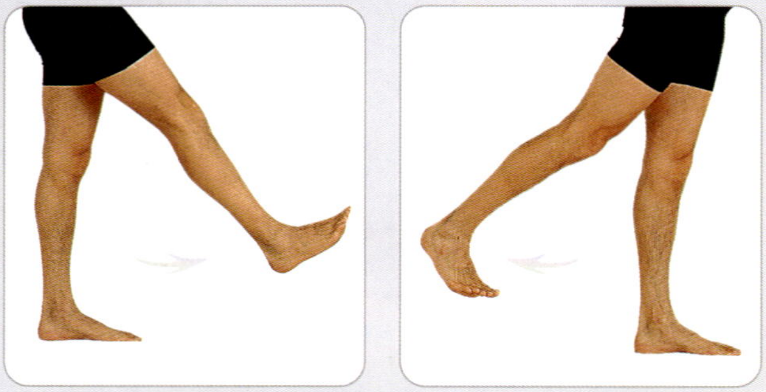

腿摆动

双手放于髋部两侧，身体重心交替放于两脚上，重复数次。然后身体重量落于左腿上，右腿轻轻地前后摆动，摆动时腿要伸直，左腿支撑身体。然后右腿支撑身体，左腿前后摆动。

手腿摆动

将上述两个动作结合起来，手和腿同时前后摆动，但不要同边运动（同边的手和腿分别向前后摆动，运动方向相反）。

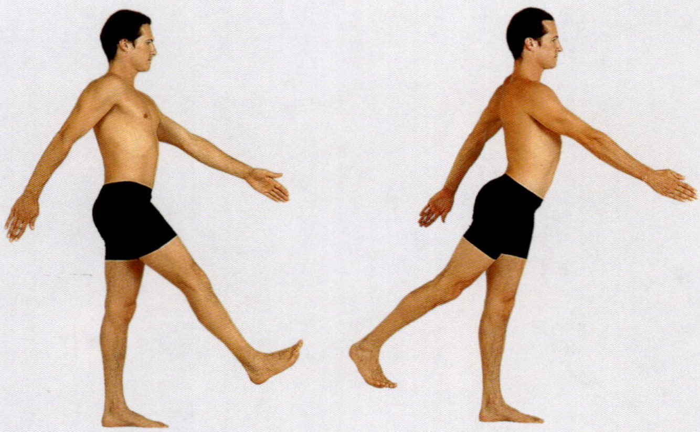

幻椅式

从山立式开始（图1）。吸气，两臂向上举起并保持平行（图2）。呼气，屈膝，脚跟压地，双膝并拢，保持脊椎、胸部、头部与两臂在同一条直线上。上身自然轻柔地向前弯曲（图3）。

保持这个动作为静态姿势。反向运动回复起始姿势，吸气，上身直立。呼气，放下手臂。如要练习动态姿势，可以重复进入和退出这姿势，同时要配合好呼吸。缓慢而有控制地重复练习4～8次。

1 2 3

持续时间　保持静态姿势，呼吸4～8次。

替换姿势

十指交叉，手臂向前伸，与肩平齐。

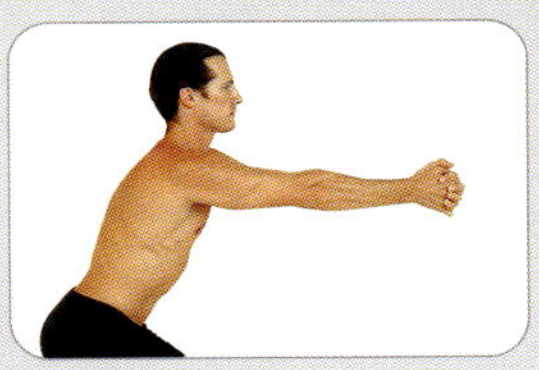

上图　早晨在印度的加尔各答，一群瑜伽练习者在活动身体准备练习瑜伽。

预备练习

两腿并拢或稍分开站立，两膝微屈。动作要缓慢流畅，并与呼吸相配合。呼气，低头，脊椎向下弯曲，身体放松（图1），脊椎要一节一节地弯曲，头向膝部靠拢，直到整个背部完全弯曲，头颈肩与两臂始终保持放松状态（图2）。吸气，伸展脊椎，反向回复起始姿势。重复2～4次，可保持向前屈体的姿势，呼吸3～8次。

1

2

站立前屈式

由山立式开始，两脚并拢或分开与臀部同宽（下图1）。如果脊椎与肌肉较紧张，可以双膝稍屈。吸气，两臂平行上举，手指朝上，掌心相对（下图2）。呼气，上身前屈，手臂和躯干向前舒展成水平状，双臂贴耳。保持这个姿势，呼吸2～3次。呼气，身体继续向下伸展。双臂仍然贴在耳边，脊椎尽量拉伸。双手靠拢双腿。如果可以的话，双手握住脚踝或者贴到地面。保持这个姿势，呼吸2～3次。

呼气，双臂帮助头部向腿靠拢（下图3），双肘向两侧打开，脊椎向腿部弯曲。保持这个姿势，然后回复到起始姿势，回复中的每个步骤之间要暂停，并呼吸1次。

要练习动态姿势，可以吸气，马上回复起始姿势，然后呼气，再次进入姿势。

1

2

3

侧前屈式

取山立式站姿，两腿分开，两脚平行，脚跟平齐（图1）。右脚向外侧转动 90°，左脚转动 45°（图2），身体向右转，双脚不动。面朝一侧，身体重量均衡落于双腿上，双膝收紧，保持稳定。

吸气，双臂从耳旁向上举（图3），保持这个姿势，呼吸2～4次。呼气，身体向下屈，然后保持水平，保持这个姿势，呼吸2～3次，然后身体完全向下弯曲，双手放于右腿上或右腿两侧。保持这个姿势，呼吸4～12次。

吸气，反向回复起始姿势。回复过程中，每做一个动作，停留片刻，呼吸1次，换左侧重复动作。

1

2

3

4

5

替换姿势

- 两臂折叠于背后，两手握住肘关节或前臂（图a）。
- 两手合掌作祈祷式，放于背后（图b）。
- 手臂伸直，十指相交放在背后，身体向前屈时，手臂举起（图c）。

b

c

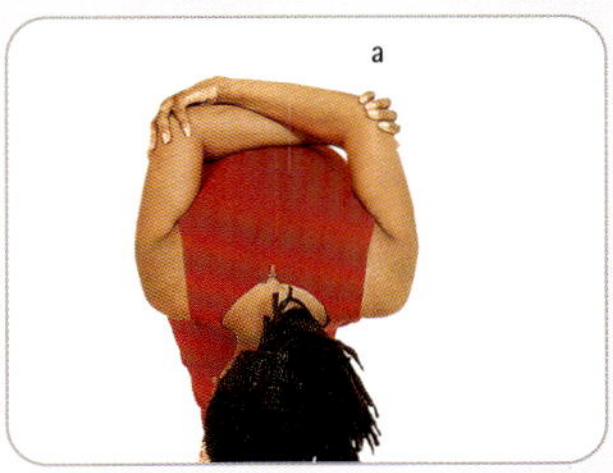
a

武士式1号

取山立式站姿，两腿尽量跨开，保持身体稳定（图1），脚跟平齐。吸气，两臂由前向上举起并伸直，手指朝上（图2），肩部向下压，扩胸。自然地呼吸，右脚向右转动 90°，左脚相应地转动 45°，两腿伸直，脚后跟着地。

吸气，向右转动身体，双脚不动（图3），保持这个姿势，呼吸2～3次。

呼气，屈右膝，右大腿与地面平行，右膝位于脚跟正上方（图4）。右膝朝向正前方，保持这个姿势，呼吸3～8次。注意双肩下压，身体朝正前方。换另一侧重复动作。

在动态姿势中，伸直弯曲的那条腿，呼气，再弯曲，手臂始终上举。做到最后一个姿势时，若感觉舒适，抬起下颚，眼朝上看，拉伸颈部。

替换姿势

a．双手合拢，举过头顶成祈祷状。两个大拇指互相扣起来，两臂伸直，指间相互接触。

b．十指交叉，掌心朝上，手臂向上伸展。

武士式2号

两腿分开站立，两臂向两侧平伸，掌心向下，手指向外伸展（图1）。吸气，头向右转，眼朝右肩方向看（图2）。保持这个姿势，呼吸2～3次。

呼气，弯曲右腿，大腿与小腿成直角（图3）。脚跟着地，肩与手臂保持水平，双肩下压，双臂伸直。双肩和髋部朝向正前方，脊椎垂直于两腿间的正上方。

保持静态姿势，做8次呼吸。

在动态姿势中，呼气，伸直右腿。吸气，弯曲。反向运动回复起始姿势。身体另一侧重复动作。

1

2

3

下图 印度教的毁灭之神湿婆曾被达喀萨神轻视，一怒之下他从蓬乱的头发中抽出一根，创造了武士维拉卜哈杜拉，后来这个武士将达喀萨斩首为湿婆报了仇。

1

2

3

4

三角式

取山立式站姿（图1），两腿适当分开，右脚向外转动 90°，左脚转 45°，脚跟用力着地以站稳身体，两腿始终伸直，身体面向正前方，身体的重量均衡落于两腿上。

吸气，两臂向两侧平举，与肩平齐，掌心向前，手指伸直（图2）。双肩下压。

呼气，上身水平伸展，双臂与地面平行（图3），然后身体从髋关节处向下倾斜，右手向下伸展放在右腿前，左臂垂直向上（图4）。根据个人能力，也可以将手放于不同位置，如下所示。眼睛朝上看左手。保持这个姿势，呼吸数次。若觉得颈部有紧张感，可以将头转向前方或朝下看右手。

替换姿势

a．手握住脚大拇指。

b．手掌平放于右脚前的地面上。

c．手掌平放于右脚前的木垫上。

d．手握住小腿或脚踝。

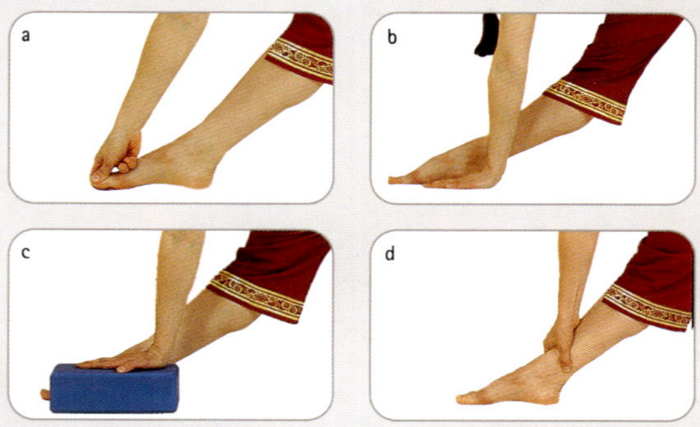

侧三角式

依照三角式立姿的说明来练习，但开始时两腿要分开得更宽，两臂向两侧平伸，躯干直立，右脚向外转动（图1），屈右膝，两脚跟始终压地（图2）。检查一下两腿的跨度是否过宽，影响站立的稳定性，然后适当调整。髋部朝前，右膝朝身体右侧，右大腿与小腿垂直。然后上身下屈，右手平放于右脚前的地面或木垫上（图3），左手臂垂直上举，肩部和胸部舒展开，朝向前方。右手臂背部或右肩压到右腿上，以帮助达到这个姿势。右大腿与小腿保持垂直，保持这个姿势。

要加强伸展的强度，可以将左手臂举过头顶，掌心向下（图4）。尽量使左脚到左臂至指尖成一条直线。反向运动回复起始姿势。

身体另一侧重复练习之前以及身体两侧完成练习之后都要进入反姿势以放松。

持续时间 **静态姿势要保持3～8次呼吸，呼吸深入胸部扩张的区域。**

替换姿势

右手可以放在右脚前的木垫上。

1

2

3

4

平衡姿势

平衡在这里指的是练习瑜伽的过程中取得并保持姿势的稳定。通过身体各部位协调的运动，如平衡身体两侧或平衡身体的上下两个部分，达到平衡和谐的状态。双腿站立或单腿站立时，通过找到身体的中轴线来保持平衡。平衡姿势的练习培养和增强了身体自然保持平衡的信心，同时增强了身体的力量。

练习平衡姿势还能加强意志力，集中精神，提高身体内部平衡所要求的自制力的控制极限。这些极限包括生理、精神和情感方面的因素，会对平衡能力造成影响。快达到身体内部的极限时，动作要轻柔。平衡姿势也让你了解心情会如何分散注意力，是检查注意力是否集中的标准。平衡在使内心平静稳定的同时也训练心理的承受能力。

基本预备练习

各种站立姿势都可以用腿和手臂的摆动（见第70页）来培养单腿站立的平衡感。

平衡提示

- 尽量减轻紧张感，身体保持平衡，呼吸自然顺畅。
- 找到平衡姿势中反向（即双向）拉伸的感觉。直立时，拉伸的感觉包括从髋部、腿部和脚部向下稳定于地面的感觉，通过腰部以上脊椎和头部的向上舒展来达到整个身体的平衡。在单腿平衡的姿势中也有双向拉伸，如手臂和腿反向运动形成平衡。找出反向拉伸的部位有助于取得并保持平衡。
- 记住练习中要保持正常的呼吸，这样有助于消除紧张感。
- 找一个视线的焦点，平衡时视线凝视在这一点上。
- 要同时注意支撑力量的腿和抬起的腿；感觉腰部好像从髋部抬离开，身体感觉更轻盈。
- 如果你还需增强平衡的信心，练习时可以靠墙以支撑身体。

注意 平衡动作不要做得过久，以免引起肌肉紧张。刚开始保持的时间稍短些，还可以先回复站立姿势，呼吸几次放松后再重复练习。

抬腿平衡式

取山立式站姿，两手放在髋部两侧，身体重量落到左腿上。吸气，右腿向正前方伸出，两髋保持水平（图1）。保持这个姿势的平衡。然后弯曲右腿，右手握住右脚拇指或脚背（图2）。再将右腿向正前方伸出，左腿直立（图3）。换左腿重复动作，左右腿平衡的时间相同。

1　2　3

舞蹈式

两腿并拢站立。身体重量落在左腿，右腿向后弯曲，右手握住右脚或脚踝，双膝靠拢。左手向前平伸，与肩平齐。双肩保持水平（图1）。保持姿势平衡。然后右腿尽量向后抬高，右手伸直（图2），右大腿朝下。保持姿势，呼吸3～8次。体会左手臂向前伸展与右手臂和右腿向后伸展这种反向拉伸的感觉。身体另一侧重复练习。

1　2

树式

取山立式站姿，屈右膝，将右脚跟尽量收到左腿内侧腹股沟处。可以用手将脚跟挪到位（图1）。右膝指向外侧，髋部朝前。双手合掌于胸前成祈祷状（图2）。平衡身体，体会头部向上与左脚撑地双向拉伸的感觉。右脚用力压紧左大腿有助于平衡。

1

2

替换姿势

做好祈祷式后，可以将双手举过头顶，双手仍取合十祈祷式；也可以两手大拇指相互扣住（图a），这样有助于做头顶合十动作（图b）。

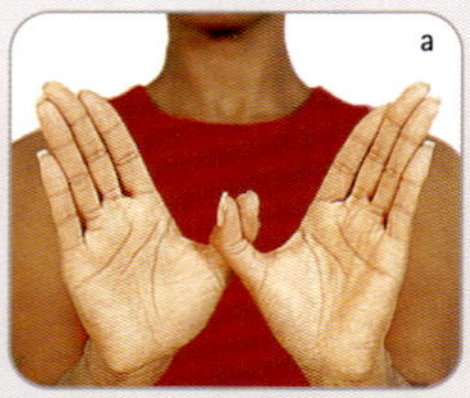

a

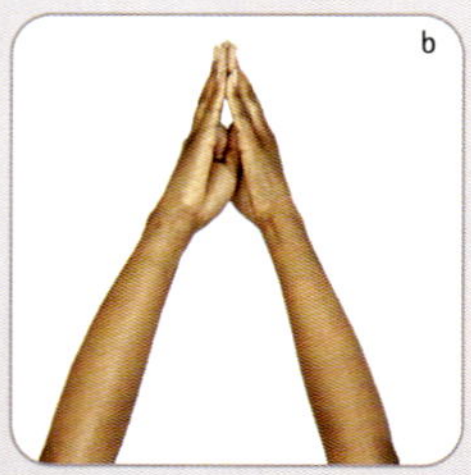

b

手平衡

预备练习

手膝撑地，手臂垂直于双肩下，双膝贴地交替向臀后移动。保持这个姿势。

四肢撑地式

四肢撑地，双臂垂于肩下，脚趾弯曲撑地，双腿向后伸直。身体从头至脚跟成一条直线。感觉头部向上与脚跟向后的反向拉伸。呼吸加深到腹部，以免引起这一部位的紧张。反向回复起始姿势。

半桥式

上身直立坐在地面上。双脚平行分开，屈膝，双脚平放于地面上（图1）。手臂伸直放于身体两侧。吸气，身体重量移到双脚上，臀部向上抬起，双肘伸直，双肩下压（图2）。头部向后舒展（图3）。呼气，回复坐姿。

重复3～8次，吸气进入动作，并可保持为静态姿势。

1

2

3

倒立姿势

倒立姿势是瑜伽中不可或缺的一个内容，有着恢复身心活力的功能，影响身体内部的能量中心。

从生理学的角度来看，倒立姿势能促进全身的血液循环，帮助身体各部分组织得到营养。对人体内分泌系统也有益，并影响人体免疫系统的功能。

倒立姿势中的反引力姿势使人体的消化系统得到充分休息，加强消化系统的功能，保持这一部位的协调健康。倒立姿势还能让心脏充分休息，增加大脑供血，恢复脑细胞的活力，提高记忆力。

一般说来，身体从常规的站立姿势中放松有助于缓解和消除紧张，倒立姿势有助于消除长期以来重力对人的压迫感。通过拉伸和活动脊椎，刺激脊髓流动，使这一部位的神经更好地传输信息。这将对整个人体产生积极影响，使身体充满活力，延缓衰老。同时，倒立姿势对面部组织的供血增多，能减少面部皱纹的产生。

从人体的能量水平来看，倒立姿势主要锻炼头部能量中心即顶轮，这个能量中心与脑内的松果体相联系，这个能量中心还被称为“第三只眼”，与人类更高级的意识形态相关。控制所有内分泌腺体的脑垂体腺也从倒立姿势中得到营养与刺激。肩立式、犁式和小桥式等倒立姿势集中对咽喉部位供血，为控制新陈代谢的甲状腺提供营养。

注意

在某些情况下不宜练习倒立姿势。练习前向医生咨询身体状况，如有以下症状则不宜练习：

- **心脏病。**
- **高血压。**
- **有眼疾（如视网膜脱离）。**
- **有耳疾。**
- **孕妇不宜练习。如果怀孕前倒立姿势就练习得十分熟练了，可以例外。即使如此也要格外小心，可以扶着椅背和墙壁练习。**
- **妇女在月经期间不宜练习。**
- **颈部、脊椎等身体部位疼痛或有其他不适。有的时候疼痛或受伤是因为姿势不正确或不协调，可向教练咨询，再接着练习。**

持续时间　每个倒立姿势保持3～12次呼吸，如觉得舒适可延长时间。

肩立式的预备练习

仰卧，臀部靠近墙面，脚贴在墙上，双膝弯屈（图1）。两腿靠拢或稍分开，两臂平放在身体两侧，掌心向下，脚往墙上移动（图2），臀部向前压，胸部上抬靠近下颚（图3）。

1

2

3

替换姿势

肩倒立时可以在肩下放一块折叠的毛毯，减轻对咽喉部位的挤压和对颈部的压力。

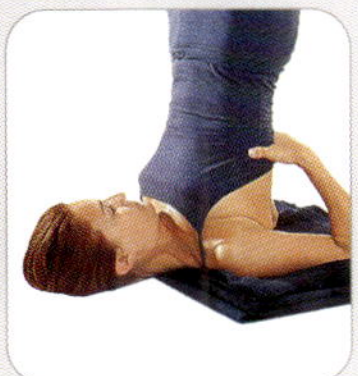

肩立式

屈膝仰卧，脚板着地，双腿靠拢。两手叉腰，大拇指向上，掌心与手指在背后托着腰部（图1）。

呼气，双膝抬到腹部上方，双腿保持弯曲，挺起躯干。身体重量落在双肩与背部上。两肘压紧地面，双手托住背部（图2）。两肘要尽可能往里靠。

双腿向斜上方伸直。保持这一动作，臀部放松（图3）。吸气，臀部举得更高，胸部更贴近下颚。双腿与躯干垂直于地面（图4）。两肘进一步收拢，肩胛骨挤紧，手托住上背部并尽量靠近双肩。保持这一姿势。可以把双臂伸直，平放于身体两侧，掌心向下（见预备练习中的插图）。

1 2 3 4

预备练习

下面的练习有助于强化肩肌的力量，以支持头部倒立。

双膝跪地，前臂撑地，十指交叉，两肘分开与肩同宽（图1）。蜷曲脚趾，臀部向上抬起，成俯面狗伸展式。两臂贴耳，脊椎平直（图2）。练习小桥式可为肩立式和犁式做好准备。

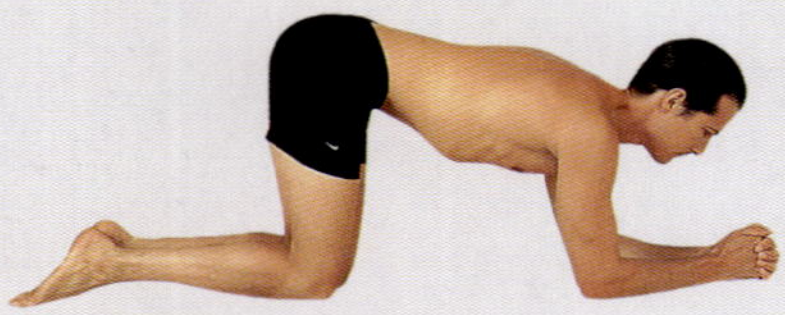

1

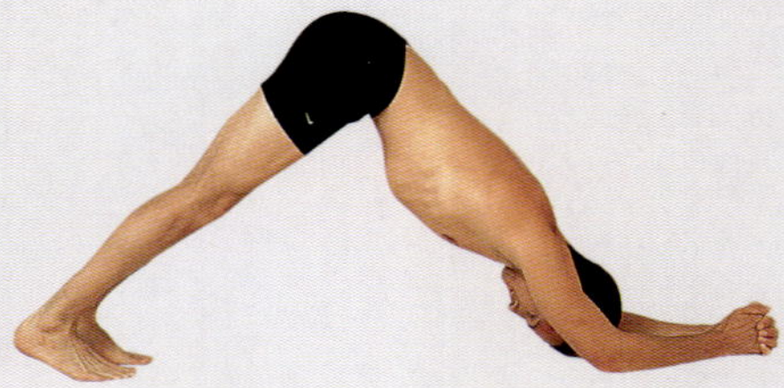

2

犁式

1

2

3

4

可以从肩立式直接进入犁式。或者从肩倒立的初始姿势开始，屈膝仰卧，脚板着地，两手托腰。呼气，双腿抬到腹部上方，臀部和躯干向上举起，双手托住下背部以支撑身体（图1）。伸直双腿，与地面平行（图2）。双肘压地，臀部向上方移动，带动胸部靠拢下颚，双脚放松，保持这一姿势。如果感觉舒适，脚趾放低到地面，双腿伸直（图3）。如果可以的话，将肩胛骨挤紧，手臂向后伸直，掌心贴地或十指相扣（图4）。

兔式

这是头倒立的预备练习。身前放一块叠好的毯子，从童式开始。前臂贴于地面，双手放在毯子上，与双耳平齐。轻轻推动下脊柱，身体抬起，头顶地（图1）。双手撑地，然后向上伸直双臂，十指相交于背部上方（图2）。保持这个姿势，收缩腹肌，屈脊椎。

头倒立式

面向墙壁，四肢伏地。双腿靠拢，前臂着地，两臂靠拢略比肩窄以保持稳定。十指相交抱头，头顶落在地毯上（图1）。脚趾撑地，双腿伸直，双脚向头移动，臀部与躯干垂直抬起，尾椎与臀部靠墙（图2）。抬起双脚，双膝弯屈靠紧胸部（图3），双膝保持弯屈，脚板贴墙（图4）。双腿靠墙并向上伸直（图5），臀部下压使大腿与躯干成直线。

回复时应缓慢放下身体，反向回到起始姿势。

反姿势

头倒立后以童式放松，也可以先回复到山立式，然后呼吸数次，最后以尸卧式完全放松。

古代印度神话中苏利耶是太阳神。拜日式这一姿势指的是“向太阳致敬”，是与呼吸相配合的一套系列动作，常常在早上首先来练习。拜日式使脊椎和身体变得灵活，并得到舒展和加强。通过加深呼吸，增加吸氧量，加速身体的血液循环使身体恢复活力。拜日式可以成为瑜伽练习的首要步骤。

本章的示范计划给初学者提供练习姿势的组合安排，同时也提供了比较简单的整套练习计划以帮助他们进行练习。

第6章　六项示范练习计划

拜日式

拜日式是一套连贯有序并配合呼吸的瑜伽动作。拜日式既可以单独练习，也可以作为操练前的热身练习，使人恢复身体活力。

一般以练习3个回合为最低目标，做到8～12个回合。一个回合指的是从右腿开始，做完一整套拜日式，换左腿开始另一个回合。

注意 这套动作不适宜有心脏病或高血压的人练习，身体有医学方面禁忌的人也不适宜练习。孕妇不宜练习。

练习一段时间后，完成以下动作

- 做图4的动作时，伸直双腿，将臀部往上提，身体前屈。

- 做图5的动作时，不用脚背着地，而是脚尖撑地，右腿伸直。

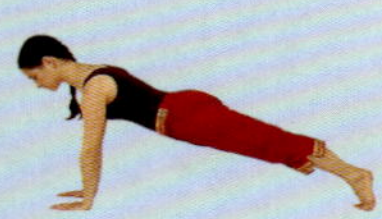

- 做图6的动作时，四肢撑地放松，身体重量平衡落在双臂与脚尖上。

从山立式开始，双手合十于胸前成祈祷状（图1）。吸气，双手举过头顶，两手平行略向后伸展。上背部向后屈，两眼朝上望，两臂贴着耳际（图2）。绷紧臀部肌肉，以保持身体后屈并防止背部过于紧张。

呼气，上身从臀部起向前屈（图3），然后继续向下屈，双手落在脚边，膝部弯曲，头部靠近双膝（图4）。

吸气，右腿向后伸展，右膝着地，脚背贴地，两手放在左脚两边，左腿成直角（图5）。抬起下颚，两眼向上看或低头向下看地面。

屏息，左腿向后伸出，两腿并拢，头颈与脊椎成直线，身体重量均匀落在两臂和小腿上（图6）。呼气，屈肘，胸部放低，前额贴地，臀部向上拱起，离开地面（图7）。吸气，两臂用力撑起，将胸部向前移动，直到臀部着地。两腿伸直，脚跟靠拢，双肘弯屈（图8），如眼镜蛇式。

呼气，轻轻让胸部落下，双脚撑地，然后抬起臀部，手臂伸直成俯面狗式（图9）。

吸气，右腿向前跨一大步，右脚放在两手之间，右腿成直角，左膝落于地面，抬起下颚，眼向上看或低头向下看（图10）。呼气，左腿上前与右腿靠拢，双膝弯曲，低头（图11）。

吸气，伸直双臂，贴于耳际，上身向前伸展（图12），双手向上伸直，上身向后屈（图13），眼向上看，臀部肌肉收紧。

呼气，回到起始姿势，双手合十放于胸前成祈祷式（图1）。

1
2
3
4
5
6
7
8
9
10
11
12
13

示范练习计划

以下是根据时间长短所安排的示例练习计划。为了简单明了，每个姿势都配有图示并注明了相关姿势的页码。练习时应量力而行，以舒适为限度，练习前要先做预备动作，充分热身。如果你的能力暂时只能达到练习预备姿势的水平，可以慢慢练习，逐渐进入高一级的姿势练习。

姿势之间的转换应该要平缓谨慎。在进入另一个姿势之前，应当以反姿势放松并注意保持的时间。除非另有说明，都应选取在书中有详细说明的相应的反姿势来练习——即使这些姿势已包括在练习计划中。如有需要也可额外花时间练习其他反姿势或放松姿势。

15～20分钟的练习计划

- 拜日式（第88页）。
- 5分钟尸卧式放松。
- 3次呼吸，例如呼气时发出“噢姆”音。
- 凝视烛焰，简单冥想。

35～45分钟练习计划

练习重点： 前屈式

时　　间： 20～35分钟姿势和放松练习，5分钟呼吸，5分钟冥想。

取雷电坐并做10次喉呼吸 第23, 46页

牛面式（或只选择手臂的运动） 第47页

单腿交换伸展式（先动态后静态） 第50页

蝴蝶式和伏蝴蝴蝶式 第48,49页

双腿背部伸展式 第51页

坐角式（静态） 第49页

伏雷电式（手臂伸展） 第46页

眼镜蛇式（静态） 第58页

站立前屈式（先静态后动态） 第72页

山立式 第18页

树式 第80页

尸卧式 第26页

冥 想

35～45分钟练习计划

练习重点： 脊椎柔韧训练

时　　间： 20～35分钟姿势和放松练习，5分钟呼吸，5分钟冥想。

猫伸展式（不伸腿） 第55页

伏雷电式（手臂伸展） 第46页

新月式 第57页

猫伸展式（动态，腿伸展） 第55页

伏雷电式（手臂伸展） 第46页

伏雷电式（动态） 第46页

呼吸： 狮式呼吸1～3次 第24页

山立式 第18页

武士式1号（含反姿势） 第74页

舞蹈式 第79页

童式 第26页

取尸卧式做 3 次蜂式呼吸 第23,26页

尸卧式 第26页

冥 想

35～45分钟练习计划

练习重点： 加强腹部肌肉力量

时　　间： 20～35分钟姿势和放松练习，5分钟呼吸，5分钟冥想。

排气式（动态） 第26页

单抬腿动作 第50页

排气式（静态） 第26页

双腿背部伸展式（动态与静态） 第51页

俯面狗式 第56页

四肢撑地式 第81页

俯面狗式（或者重复图6姿势，再进入俯面狗式） 第56页

眼镜蛇式（动态）（从第46页伏雷电式进入眼镜蛇式） 第58页

船式 第52页

尸卧式（短时间） 第26页

鱼式，紧接着练习所建议的反姿势 第59页

取尸卧式做3次全瑜伽式呼吸 第22,26页

尸卧式 第26页

冥 想

60～90分钟练习计划

练习重点：脊椎扭动与侧屈

时间：45～75分钟姿势和放松练习，5～10分钟呼吸，10～15分钟冥想。

 排气式（先动态后静态）第26页

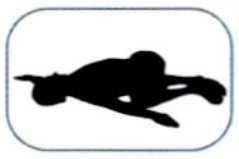 脊椎扭转式 第62页

 排气式（静态）第26页

 滚体动作 第52页

 蝴蝶式和伏蝴蝶式 第48,49页

 双腿背部伸展式 第51页

 半脊椎扭转式 第65页

 伏蝴蝶式 第49页

 坐角式 第49页

 伏雷电式（手臂伸展）第46页

 山立式 第18页

 武士式2号 第75页

 三角式 第76页

 侧三角式（以正面前屈式为反姿势）第73页

 伏雷电式（手臂伸展）第46页

 小桥式（静态，短时）第60页

 犁式 第84页

 尸卧式 第26页

呼吸：取坐姿做逆式呼吸 第24页

冥 想

60～90分钟练习计划

练习重点：背屈练习

时间：45～75分钟姿势和放松练习，5～10分钟呼吸，10～15分钟冥想。

呼吸：3次蜂式呼吸，轻拍胸部（取坐姿）第23页

基本预备练习 第54页

猫伸展式（不伸腿）第55页

新月式 第57页

伏雷电式（手臂伸展）第46页

小桥式（动态） 第60页

排气式（静态） 第26页

半桥式（先动态后静态）第81页

双腿背部伸展式（动态，重复2次）第51页

尸卧式 第26页

眼镜蛇式（先动态后静态）第58页

伏雷电式（手臂伸展）第46页

双腿背部伸展式（静态）第51页

幻椅式（先动态后静态）第71页

山立式 第18页

武士式1号 第74页

舞蹈式 第79页

山立式 第18页

童式 第26页

取尸卧式进行3次蜂式呼吸，第23,26页

尸卧式 第26页

冥 想